山と溪谷社

山と食欲と私 公式

日々野鮎美の山ごはんレシピ

信濃川日出雄 監修

もくじ

使い方

全国山めぐりと名物

オリジナルレシピ50

コラム

げんこつあめ

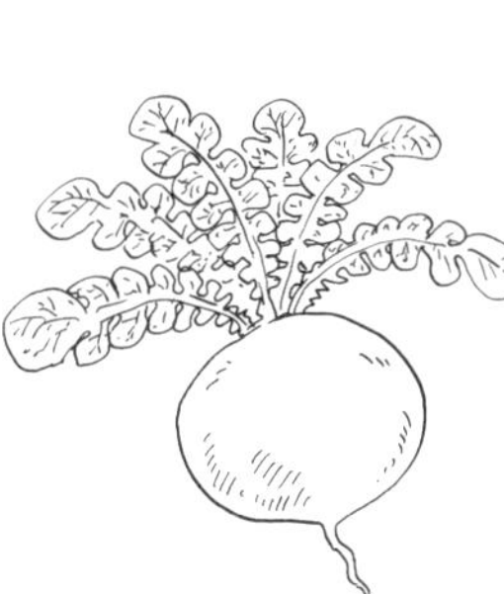

データ

本書について

この本は、漫画『山と食欲と私』のコミックス⑫〜⑰巻に収録されている全68話から、主人公・日々野鮎美と彼女の友人や知人をはじめ、登山や旅先などで出会った登場人物たちが作品中で作る山ごはん・家庭料理を、実際に調理してレシピ化したものです。

メニューによっては、作品のなかでは詳しい作り方が示されていない自家製の食材・食品などについて、別ページで補足的にそのレシピを掲載しているものもあります。

基本的には、作品内で紹介されたメニューを忠実に再現するように努めていますが、味つけや彩り、食材調達の利便性、現実的な調理方法などから、フードコーディネーターの意見を参考にアレンジを加えているものがあります。メニューやレシピ名についても、アレンジに応じて原作の名称から変更しているものがあります。

メニュー名
作品内のメニュー登場のコマで表現された呼称を基本的に使用

材料の計量目安
- 大さじ1…15mℓ（cc）
- 小さじ1…5mℓ（cc）
- 1合…180mℓ（cc）

メニューの種類
- ごはんや餅を使ったもの
- パンやパン生地を使ったもの
- ラーメンやパスタなどの麺類
- 主食以外のおかず
- デザートやおやつ
- 飲み物

事前準備／弁当
自宅での下準備・下ごしらえの有無や弁当・自宅での食事

アイテム
丸鍋（コッヘル）とフライパン以外に必要な調理用具の有無と用具名

調理時間
山での調理時間。
事前の準備は含まず

難易度
★　少ない材料で手軽にできる。山ごはんビギナー向き
★★　調理は難しくはないが、簡単な準備や炊飯がある
★★★　調理の段取りが重要。山行前に仕込みが必要な場合が多い
★★★★　難易度やや高め。一度ではコツがつかみづらい場合も
★★★★★　鮎美レベルの腕前が必要。仕上がりの美しさにもこだわる

ぶ厚切りベーコン＆サラダビーンズ炒め

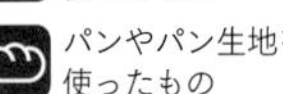

材料（2人分）
厚切りベーコン…1枚
ミックスビーンズ（パウチ）…2袋（100g）
サラダ油…大さじ1/2
塩・黒こしょう…適量

作り方
1. フライパンにサラダ油を熱し、ベーコンをじっくり焼く。
2. ベーコンにある程度火が通ったら、ミックスビーンズを加えてサッと炒める。
3. 塩・黒こしょうをふる。

フライパンの空いたところに豆を入れる
ベーコンから出た脂をからめながら炒める

アドバイス
豆は1種類よりも複数種入れることで味わい深くなります。パウチタイプのミックスビーンズを使えば山でそのまま調理でき、使い切れるので便利です。

調理時間 10分
難易度 ★★

12巻
133話／木曽駒〜空木縦走編①
夜のツェルト泊ごはん　中央アルプス縦走に出た鮎美。軽量化のため初日、曽駒ヶ岳ではツェルト泊に挑戦。たっぷりの夕食には燻製肉を使って…

山と食欲と私 オリジナルレシピ50

ほんのひと手間で楽しめる簡単山ごはんから、
旅先でのご当地食材を使ったメニュー、
冷蔵庫のあまりものを活用した料理などなど。
創意工夫がたっぷりのおいしい50品を紹介。

日々野鮎美（ひびの・あゆみ）

27歳、とある企業の総務部経理課で働く会社員。東京都在住。人見知りのため職場では目立たないようにしているが、しょっちゅう登山に出かけては山ごはんを楽しんでいる。単独登山女子を名乗る『山と食欲と私』の主人公。

2匹仲良し道連れ魚定食

＊マンガはアイナメとクロソイです

調理時間 15分

難易度 ★★

+ITEM ▼小型ロースター

材料(2人分)

メバル…2匹
塩…適量
しょうゆ…適量
練りわさび…適量

作り方

❶メバルはウロコを落とし、頭と内臓を除き、上身と中骨のついた下身の「二枚おろし」にする。
※頭を使ったアラ汁はP12で紹介。

❷中骨のついた下身は軽く洗って汚れを落とす。塩をふってしばらく置き、水分をキッチンペーパーでふきとる。

❸上身は腹骨をそぎ落とし、皮を引いて刺身用にそぎ切りにしてわさびじょうゆを添える。

❹ロースターにメバルの下身を並べ、ストーブにのせて両面を焼く。

塩を強めにふり、水分と臭みをとる

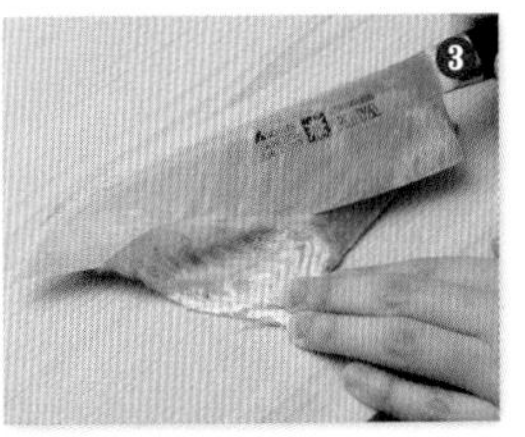

刺身にするほうの身は、腹骨をそぎ落とす

皮と身の間に包丁を入れ、皮を上下に動かしてはぎとる

アドバイス

キャンプの買い出しでは鮮魚コーナーもチェック！ローカル色あふれる魚が並びテンションが上がります。食べ方を伝えてさばいてもらうのもおすすめです。

12巻

126話／東北ギンギン山巡り編④海の恵みと盛岡じゃじゃ麺　東北二人旅は寄り道ばかりで、山へ行くはずが海へ。七実は釣った魚を見事な包丁さばきで料理する

アイナメとクロソイを半身ずつお刺身と塩焼きに！

インスタントの味噌汁をベースとして活用した簡単あら汁を添えて

「2匹仲良し道連れ魚定食」で〜〜す！

せんべい汁

材料(2人分)

南部せんべい(汁物用)
…4〜5枚
鶏もも肉…150g
鍋用カット野菜…1袋
塩…少量
A 水…600㎖〜
顆粒和風だし
…大さじ1/2
しょうゆ…大さじ2
みりん…大さじ1
酒…大さじ1/2

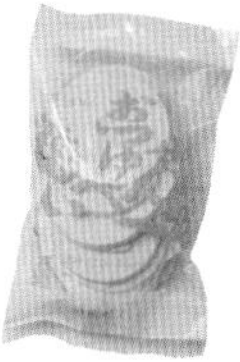

作り方

❶鶏肉をひと口大に切る。
❷コッヘルにAを入れて火にかけ、沸騰したら❶を加えて煮る。
❸カット野菜を加えて煮て、塩で味を調える。
❹南部せんべいを割り入れ、せんべいがやわらかくなるまで10分ほど煮る。

鶏肉の表面の色が変わったら野菜を加えて煮る

調理時間 20分

難易度 ★★☆☆☆

アドバイス

南部せんべいは岩手県北から青森県八戸地方の名物。小麦粉が主原料で煮込んでもすぐには溶けません。カット野菜と一緒に山小屋でも鍋料理を楽しんで。

12巻 127話／東北ギンギン山巡り編⑤悩ましのせんべい汁　七実とともに東北縦断の旅を続ける鮎美。自由奔放な七実の行動に振り回されつつも名峰・岩手山に登頂し、ご当地食材を使った山ごはんを堪能する

ふやけたせんべいは
まるでお麩みたい！
優しい食感だぁ〜〜〜
青森・八戸市の
郷土料理
おつゆがしみて、
ふにゃっとした
せんべいが絶品

簡単あら汁

調理時間 10分

難易度 ★★

材料(2人分)

メバルのアラ(頭)…2匹分
塩…適量
水…適量
インスタント生みそ汁…1食分

作り方

❶ メバルのアラはきれいに洗って塩をふり、しばらくおいて出た水分をキッチンペーパーでふきとる。

❷ フライパンに湯を沸かし、❶を熱湯にくぐらせて水気をきる。

❸ コッヘルに袋の表示どおりの水、❷を入れて火にかけ、沸騰したらアクを除き、インスタント生みそ汁を加えて溶かす。

12巻 **126話／東北ギンギン山巡り編④海の恵みと盛岡じゃじゃ麺** 新鮮な魚定食の朝食後、二人は仙台へと向かった

アドバイス

水が充分にない場合は、アラの血合いや汚れをキッチンペーパーでふきとりましょう。下ごしらえにひと手間かけることで、魚の生臭さがやわらぎます。

岩手山の玄関口である県庁所在地・盛岡名物のひとつ、じゃじゃ麺。
Photo_N / PIXTA

全国山めぐりと名物①
岩手山とじゃじゃ麺

柳沢コース 日帰り

馬返し→八合目避難小屋→不動平→薬師岳(2038m)往復

⑫巻127話で登場する岩手山は、岩手県のみならず北東北を代表する山で日本百名山にも選ばれています。もとは火山の独立峰で、四方から登山コースが延びていますが、鮎美と七実が登ったのは最も一般的な柳沢コース（馬返しコース）です。往復8時間あまりの行程は体力が必要ですが、山頂（薬師岳）にたどり着けばすばらしい眺望が広がり、八甲田山や鳥海山、栗駒山などの山々が望めます。登山適期は6月上旬〜11月上旬。日が短い季節は八合目避難小屋に宿泊する計画もいいでしょう。

合計歩行時間：8時間5分
グレード：中級
技術度：★★★
体力度：★★★★

鮎美たちがせんべい汁の昼食をとった八合目避難小屋。100人収容

南東麓からの岩手山。
右稜線付近がメインの
登山ルート柳沢コース

写真・情報＝藤原直美　参考文献＝ヤマケイアルペンガイド『東北の山』

揚げだしもち

材料(2人分)

切り餅…2個
片栗粉…大さじ1/2
めんつゆ(ストレート)
…80〜100㎖
大根おろし…大さじ2
青ねぎ(小口切り)…適量
揚げ油…適量

作り方

❶ 切り餅に片栗粉を薄くまぶす。

❷ 揚げ油を170℃に熱し、❶を全体がふくらんでくるまでじっくり揚げる。

❸ 器に揚げ餅を入れ、めんつゆを温めてかけ、大根おろしをのせ、青ねぎを散らす。

1
バットに片栗粉を広げて餅全体に薄くまぶす

調理時間 10分

難易度 ★★★★★

アドバイス

餅同士がくっつかないように離して揚げましょう。めんつゆほか、白だしで作ってもおいしいです。

12巻

128話／ザ・もちザニア

あんこやきな粉をつけて食べたり、磯辺焼きを楽しんだり。鮎美は餅三昧の正月休みを過ごす。さすがに食べ飽きたが、まだ大量にある餅を手に鮎美は山へ向かった

いくつでもイケちゃう危険なおいしさ

おもちを大量に買い込んで……

飽きるほど食べたのだ飽きるほど……

レシピ再録！

お餅を使った「ザ・もちザニア」レシピ

『日々野鮎美（＋なかまたち）の山ごはんレシピ2』で新作メニューとして紹介の後、⑫巻128話ではメインのお餅料理として収録されています。

材料(1人分)

スライス餅…9枚
レトルトのミートソース…130g(1人分)
スライスチーズ…2枚
じゃがりこ…1箱
牛乳…大さじ5

作り方

❶ メスティンにじゃがりこを並べて入れ、牛乳を注ぐ。

❷ ミートソースの4分の1量を入れ、スライス餅を3枚並べることを繰り返す。

❸ いちばん上にスライスチーズを並べ、ふたをして10分ほど弱火にかける。

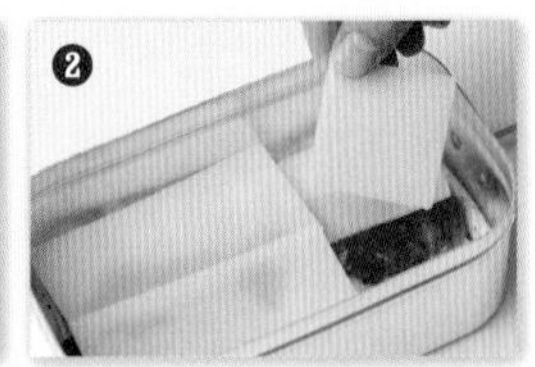

左／牛乳に浸したじゃがりこにミートソースをかける
右／メスティンの大きさに合わせてスライス餅を重ねる

+ITEM ▼小型ロースター

力ラーメン

調理時間 10分

難易度 ★★

餅でエネルギーアップ！山ごはんにもおすすめ。

ラーメンにのせれば力（ちから）ラーメン

この冬は

おもちをいっぱい食べた…♡

12巻 **128話／ザ・もちザニア** お正月休みは餅をたくさん買い込んで、自宅で存分に餅を使った料理を味わった鮎美。残りの餅を山で消費すべく考えた新メニューは…

材料（1人分）

棒ラーメン…1束
付属の粉末スープ…1袋
調味油…1袋
切り餅…1個
なると…2枚
青ねぎ（小口切り）…適量

作り方

1. 餅はロースターなどでこんがりと焼く。
2. 鍋に湯450mlを沸かし、麺を入れて3分ゆでて火を止める。
3. 粉末スープ、調味油を入れて軽くかき混ぜる。
4. 器に盛り、❶を加え、なると、青ねぎをのせる。

アドバイス

メンマ、チャーシュー、焼きのり、ゆで卵など、好みのものをのせてアレンジしてください。餅をやわらかく煮ると、焼き餅と違った食感が楽しめます。

山椒たっぷり鱈とキクラゲの薬膳しびれ鍋 味噌仕立て

調理時間 20分

難易度 ★★

疲れが吹き飛ぶ養生ごはん。花椒（ホワジャオ）で舌がしびれます

材料(1人分)

生タラ…1〜2切れ
塩…少量
キクラゲ(乾燥)…7g
長ねぎ…1/2本
A しょうが(薄切り)…1かけ
花椒(ホール)
…小さじ1〜2
みそ…小さじ2
顆粒鶏がらだし
…小さじ1
酒…大さじ1
ごま油…小さじ1
塩・こしょう…適量
水…400㎖
ラー油…適宜

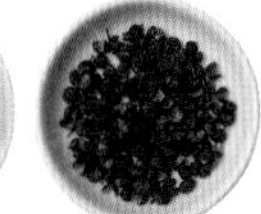

作り方

❶タラに塩をふる。キクラゲは水でもどし、石づきをとって食べやすい大きさに切る。
❷タラは大きめのひと口大に切り、長ねぎは斜め切りにする。
❸深めのフライパンにAを入れて中火にかけ、温まってきたらキクラゲを加えて煮る。
❹火を弱めて❷を加え、具材に火を通し、ラー油を好みでたらす。

❶
水でもどしてふくらんだキクラゲ

❸
花椒ははじめから入れて、しびれ成分を煮出す

❹
タラは煮すぎると崩れやすいので後から加える

アドバイス

キクラゲは一度にまとめてもどして冷蔵庫で保存しておくと、すぐに使えて便利です。

12巻
129話／ふわキラ女子と薬膳しびれ鍋　中途採用で広報課にやってきた「ふわキラ」な浜栗藍。仕事のデキる彼女が疲れ気味の鮎美に教えてくれた薬膳のレシピを週末、山ごはんで実践

山女魚(やまめ)の甘露煮弁当

▼メスティン

材料(1人分)

無洗米…1合
水…260mℓ
ヤマメの甘露煮…2匹
さつまいもの甘煮…適宜

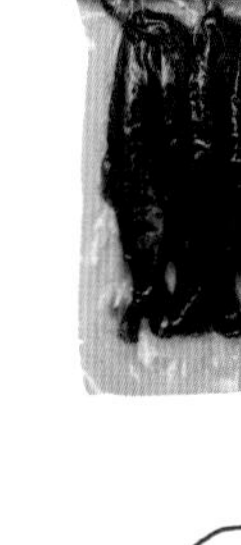

作り方

❶メスティンに無洗米を入れ、水を注いでふたをする。強火にかけて沸騰したらごく弱火で15分ほど炊く。

❷香ばしい香りがたち、チリチリと音がしてきたら火から下ろす。タオルなどで包んでメスティンを逆さにして10分ほど蒸らす。

❸ごはんにヤマメの甘露煮をのせ、タレをごはんにかける。さつまいもの甘煮を好みで添える。

❶
水の量はメスティン本体とハンドルをつなぐ結合部（リベット）の丸の中心に合わせる

アドバイス

ヤマメの甘露煮をのせてからメスティンのふたを閉め、しばらく置いてヤマメをじんわり温めても。さつまいもの甘煮や漬け物を添えてどうぞ。

調理時間 30分

難易度 ★★★★★

12巻 **130話／野良犬と山女魚の甘露煮弁当** 薮蚊繁が倉毛平小屋の長老アルバイトになった昔話をサヨリに語る。仕事が嫌で小屋から逃げだした挙げ句、遭難した薮蚊は支配人の羆光治に発見され…

野良犬は
飼い犬になった
メスティンで
炊飯した
ごはんが進む！

バターコーンカレーめし
調理時間
10分
難易度
★
切りものなし！
で超簡単。
チーかまで、
3倍おいしい
ごはん
つくります
クマさん
ざいりょう
とってきて
…わかった
クマ！

材料（2人分）

ホールコーン…75g
チーズかまぼこ…2本
バター…大さじ1と1/2
カレー粉…小さじ1
ごはん…300g
しょうゆ…大さじ1/2
塩・黒こしょう…各適量
パセリ（みじん切り）…適量

作り方

❶ チーズかまぼこは小さくちぎる。
❷ フライパンにバターを熱し、❶、コーン、カレー粉を入れて炒める。
❸ ごはんを加えてほぐしながら炒める。
❹ しょうゆ、塩・黒こしょうで味を調え、パセリを散らす。

カレー粉を加える

チーズかまぼこは手でちぎる

ごはんを加えて炒め合わせる

カレー粉を全体に行き渡らせる

アドバイス

常温保存できる「チーズかまぼこ」は、手でちぎれば包丁いらず。具にしっかり味をつけてから白飯を加えるのが、おいしく仕上げるポイントです。

お家で簡単キャンプごっこごはん
香ばしコーンとカレー風味はお子様ウケ間違いなし最強の味付けクマ！
バターコーンカレーめし
で～～きた♪

12巻

132話／ここ、山ね！ 元気いっぱいの6歳児、姪っ子の朝里が鮎美の部屋へやってきた。家の中でキャンプごっこをして大喜びの朝里に、あり合わせの材料で鮎美がふるまったのは…

ぶ厚切りベーコン＆サラダビーンズ炒め

調理時間 10分

難易度 ★★★★★

材料(2人分)

厚切りベーコン…1枚
ミックスビーンズ(パウチ)…2袋(100g)
サラダ油…大さじ1/2
塩・黒こしょう…適量

作り方

1. フライパンにサラダ油を熱し、ベーコンをじっくり焼く。
2. ベーコンにある程度火が通ったら、ミックスビーンズを加えてサッと炒める。
3. 塩・黒こしょうをふる。

フライパンの空いたところに豆を入れる

ベーコンから出た脂をからめながら炒める

アドバイス

豆は1種類よりも複数種入れることで味わい深くなります。パウチタイプのミックスビーンズを使えば山でそのまま調理でき、使い切れるので便利です。

12巻

133話／木曽駒～空木縦走編①挑戦前夜のツェルト泊ごはん　中央アルプスの縦走に出た鮎美。軽量化のため初日の木曽駒ヶ岳ではツェルト泊に挑戦、気合いたっぷりの夕食には燻製肉を使って…

ぶ厚切りベーコン＆サラダビーンズ炒め
～ブラックペッパーを効かせて～

じゅわわわわ

※お湯で戻したアルファ米と
※半分は明日の朝食

焼いた
ベーコンの香りが
たまらないっ!
フライパンひとつで
楽チン山ごはん

燻製肉とはいえ
真夏に常温で
持ち歩くことを
考えたら
初日くらいしか
食べられない贅沢だ

うまい!

ガツンと
たまるぜ

牛豆腐めん
調理時間
15分
難易度
★★
★★★
ITEM
ぬぁ～！
しょっぺぇ
ひやむぎの
茹で汁が異常に
しょっぺぇぞ
だけど味の薄い
豆腐と合わせたら
だいたい
コレでいい！
牛肉うま！
山ごはん革命！
常温保存できる
豆腐はリピート
間違いナシ

材料(1人分)

レトルト牛丼…1食分
ひやむぎ…1束
紙パック入り絹豆腐…1パック
顆粒和風だし…少量
水…200㎖
青ねぎ(小口切り)…適量
黒七味…適宜

作り方

❶ フライパンに水を入れて沸かし、ひやむぎを半分に折ってゆでる。

❷ 麺をゆでた湯は捨てず、顆粒和風だし、レトルト牛丼を加えて煮て全体をなじませる。

❸ 豆腐を❷に加えて弱火で温める。

❹ 青ねぎを散らし、好みで黒七味をふる。

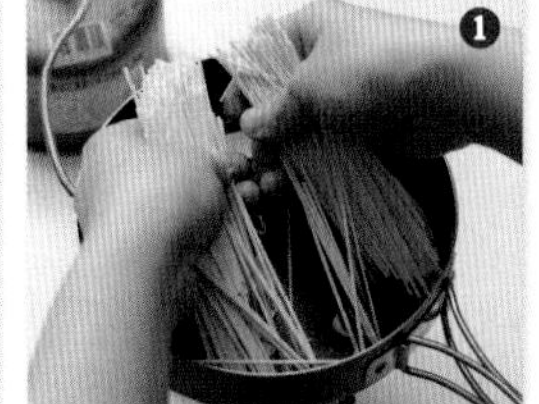

ひやむぎは半分に折り、少なめの水でゆでる

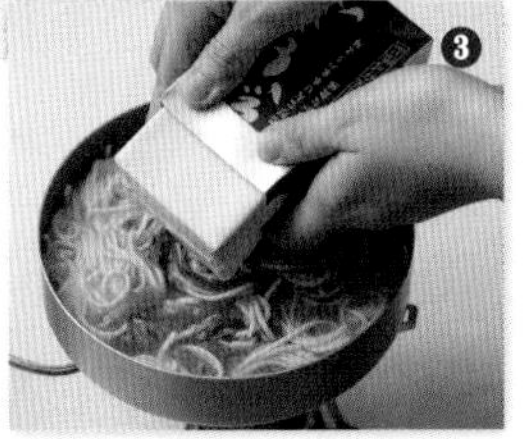

紙パックからにゅるっと豆腐を出す

アドバイス

常温で長期保存できる紙パック入り豆腐は、ストック食材として大注目されています。通販で購入可。濃厚でおいしいので、山ごはんでも楽しみましょう!

12巻

134話/木曽駒~空木縦走編②しょっぺえ牛豆腐めん

中央アルプス縦走2日目。ルートのほぼ真ん中、檜尾小屋に疲労困憊でたどり着いた鮎美の体にしみるメニューは…

高級カニ缶トッピング カニのトマトクリームパスタ

材料(1人分)

早ゆでパスタ…100g
トマトクリームソース（レトルト)…1食分
タラバガニの缶詰…1缶
水…200㎖

作り方

❶ フライパンに水を入れて沸かし、パスタをゆでる。

❷ パスタをゆでた湯は捨てず、❶にトマトクリームソースを加えて混ぜ合わせる。

❸ タラバガニの缶詰を加えて温める。

ストック食材の持ち寄りで豪華すぎる濃厚パスタができるかも

パスタは少なめの湯で水気を飛ばしながらゆでる

湯は捨てずに、レトルトのソースを加えてのばす

アドバイス

とびきり贅沢な山パスタです。昨今の世界情勢により、タラバガニの缶詰は品薄なので、ズワイガニの缶詰やカニのほぐし身で作っても◎。

調理時間 15分

難易度 ★★★★★

カパしてドーン

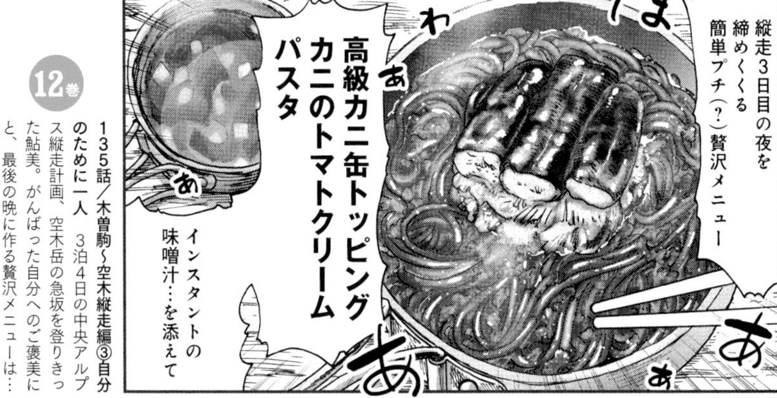

12巻

135話／木曽駒〜空木縦走編③自分のために一人　3泊4日の中央アルプス縦走計画、空木岳の急坂を登りきった鮎美。がんばった自分へのご褒美にと、最後の晩に作る贅沢メニューは…

中央アルプス北部の主要登山口となる駒ヶ根市名物のソースカツ丼

全国山めぐりと名物②

木曽駒ヶ岳～空木岳とソースカツ丼

宝剣岳の岩場を通過し主稜線を南下。左奥が中ア最高峰の木曽駒ヶ岳

木曽駒ヶ岳～空木岳縦走 2泊3日

千畳敷→木曽駒ヶ岳（2956m）→宝剣岳→檜尾岳→空木岳（2864m）→駒ヶ池

3泊4日で挑戦した中央アルプスのメインコースの縦走（⑫巻133～135話+おまけ）。鮎美は2日目、宝剣岳の岩場を回避して千畳敷へいったん下り、極楽平へ登り返しているため、下記の合計歩行時間よりさらに体力・時間を要したことでしょう。檜尾避難小屋は2022年に素泊まりの宿泊施設・檜尾小屋としてリニューアルし、テント場も新設されました。木曽駒ヶ岳以外に中アでのテント泊が可能となり、計画の幅が広がりました。

合計歩行時間：17時間15分
グレード：上級
技術度：★★★★
体力度：★★★★

空木岳山頂は360度の展望。南アルプスをはじめ、主要な山脈が望める

空木岳から200mほど下ったところにある巨大な花

写真＝金子雄爾　参考文献＝ヤマケイアルペンガイド『中央アルプス・御嶽山・白山』

ハムとゆでたまごの山ラーメン

お湯を沸かしてカップラーメンにのせるだけ！

調理時間 4分

難易度 ★★

初めて自分で作った山ラーメンだ！

一緒に買ってきたハムとゆでたまごをトッピングしたらめっちゃ美味そう！

ゆでたまごはお箸で半分に割りました

ふぁあああああ

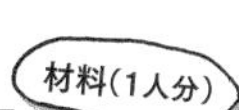

材料（1人分）

カップラーメン…1個
湯…適量
ゆで卵…1個
ハム…2枚

13巻 139話／鮎美23歳 山ガール時代編③ ハムとゆでたまごの山ラーメン　海苔野浜絵と御岳山に来た鮎美。目的はバーナーを使いラーメンを食べること！

作り方

❶ クッカーなどで湯を沸かし、カップラーメンにやや少なめの湯を注ぐ。

❷ ゆで卵の殻をむき、割り箸で半分にする。

❸ 表示の時間になったら❷とハムをトッピングする。

アドバイス

カップラーメンにハムとゆで卵をトッピングしてスタミナアップ。山ではカップラーメンに注ぐ湯は少なめにして飲みきりましょう。食べ残しは持ち帰ること。

……

あんこ苺サンド

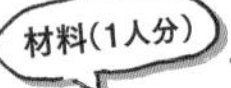

材料(1人分)

食パン(8枚切り)…2枚
市販のあんこ…大さじ4〜
いちご…3〜4個

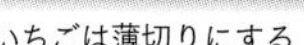

いちごは薄切りにする

食パン2枚に隙間なくあんこを塗る

作り方

1. いちごはヘタをとり、厚みをそろえて縦3枚に切る。
2. 食パンにそれぞれあんこを塗る。
3. 食パン一枚に❶のいちごを並べ、もう一枚の食パンで挟む。
4. 真ん中で切る。

調理時間 15分

難易度 ★★★★★

アドバイス

パンにバターを塗り、コロコロに切った焼きいもとあんこを合わせて「いもあんバター」にするなどアレンジを。ホットサンドにしても楽しめます。

13巻

136話／鮎美のモーニングルーティン　コロナでテレワークの日々。毎朝、仕事前に鮎美が実践しているのは街から富士山を見つける散歩。朝食にと用意してきたのは…

出ました…
あんこ苺サンド〜♪
食パンにあんことスライスした苺をサンド！要するにいちご大福的なものが食べたかったので食パンで代用して作ってみました
6:30 朝食

まずは一口
うんまぁ～
キウイ、バナナ、マンゴーでもOK！すぐできて、アレンジも楽しめる

ナルゲン抹茶

▼ドリンク用ボトル ▼水筒

＊「ナルゲン」は固有のブランド名です。本書ではモンベル製のボトルを使用しています。

調理時間 1分

難易度 ★☆☆

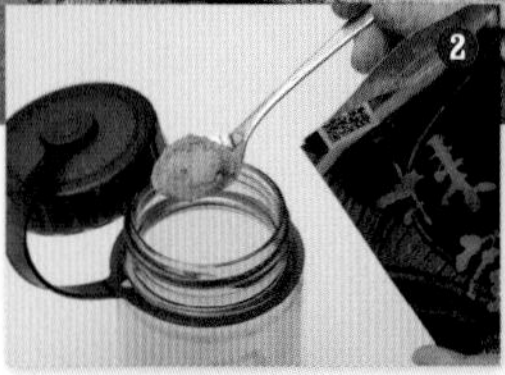

山で一服 すがすがしい味わい

抹茶を空のドリンクボトルに入れる

70〜80℃の湯を注ぎ、ふたを閉めてボトルごとふる

さて…
時計回りにくるくる…と

13巻 136話／鮎美のモーニングルーティン　眺めのいいベンチでの朝食。サンドイッチのお供は…

材料(2人分)

抹茶
…ティースプーン山盛り2杯
湯…200㎖

作り方

自宅で準備すること

❶ 湯を沸かし、70〜80℃に冷まし、水筒に入れる。

山での調理

❷ ボトルに抹茶を入れる。

❸ 水筒から湯を注ぎ入れる。

❹ ボトルのふたをしっかり閉め、両手で持って泡立つまでシェイクする。

アドバイス

茶せんがなくてもボトルをシェイクして泡立てれば、アウトドアでお抹茶が味わえます。本格派はコンパクトな携帯用野点セット（モンベル）をチェック！

札幌と羊蹄山を結ぶ国道230号にある中山峠の名物であるあげいも
HAPPY SMILE / PIXTA

全国山めぐりと名物③
羊蹄山とあげいも

真狩コース 日帰り

真狩コース登山口→九合目避難小屋→羊蹄山（1898m）往復

23歳当時の鮎美が初めて自分で登山計画を立て、叔母・雨子に尻を叩かれながら登った羊蹄山（⑬巻142話）。「蝦夷富士」とも呼ばれるコニーデ型の端正な姿が特徴です。1898mと日本アルプスなどと比べて標高が低い割に、九合目避難小屋付近には多彩な高山植物が見られるのは緯度の高い北海道ならでは。山頂付近の外輪山には道内の山では珍しい岩尾根もあり、往復で9時間近い行程は、初心者だった鮎美でなくとも登りごたえがあります。

合計歩行時間：8時間45分
グレード：中級
技術度：★★
体力度：★★★★

バテバテの鮎美が叔母・雨子につい弱音を吐いてしまった九合目の避難小屋

どっしり構える羊蹄山。登山口のある南山麓は真狩神社からの眺め

写真・情報＝伊藤健次　参考文献＝ヤマケイアルペンガイド『北海道の山』

道産子おにぎり

じゃがバターの最強コンビ とり合い必至のおにぎり

調理時間 20分

難易度 ★★★

*炊飯の時間を除く

材料
（おにぎり9個分）

白米…2合
甘塩サケ…2切れ
じゃがいも…120g
アスパラガス…3〜4本
ホールコーン…80g
水…適量
A | しょうゆ…大さじ1と1/2
　| 塩…小さじ1/3
　| こしょう…少々
　| バター…15g
焼き海苔…適量

作り方

❶ じゃがいもは皮をむいて1㎝角に切る。アスパラガスは長さ1㎝に切る。

❷ サケは焼いてほぐす。

❸ 炊飯器に洗った米、Aの調味料を入れ、水を2合の目盛りまで加えて軽くかき混ぜる。

❹ じゃがいも、コーン、バターをのせて普通に炊く。炊きあがったらアスパラガスを加え、再びふたを閉めて蒸らす。

❺ ❷のサケを具にしておにぎりを握って海苔を巻く。

じゃがいもとアスパラガスを切る

アスパラガス以外の材料を入れて炊飯する

アドバイス

太めのアスパラガスの場合は根元の硬い部分を切り落とし、その上の2〜3㎝はピーラーで皮を薄くむいて火を通りやすくしましょう。

13巻

142話／鮎美23歳 山ガール時代編⑥成長の道産子おにぎり　母いるかの再婚報告で北海道へ来た鮎美は、スポーツ万能な叔母・雨子と羊蹄山へ。ハードな登山に雨子が用意した食事は豪快なおにぎり!

セルフうな重

知らなきゃ損！アウトドアで絶品うな重

調理時間 10分

難易度 ★★★★★

+ITEM
▼フライパンのふた
▼フライパン専用のアルミホイル

ゆるキャン△ 始めました！ 店主

13巻 143話／うなキャン　鷹桑が街で見つけたうなぎ屋にキャンプコースなるものが…。自分でうなぎを焼いてシェラカップに載せれば気分はもうキャンプ!

のす。

アドバイス

パックから出したうなぎのかば焼きとタレ、ごはんを「アイラップ」に入れて温めることもできます。串は抜き、鍋底に耐熱皿などを置いて袋ごと湯せんを。

材料（1人分）

うなぎのかば焼き…1パック
添付のタレ…適量
ごはん…適量
水…適量*

作り方

1. フライパンにフライパン専用のアルミホイルを敷いて水大さじ1（*）を注ぐ。
2. うなぎのかば焼きとタレをアルミホイルの上にのせる。
3. ふたをして中火で5分ほど蒸し焼きにする。
4. シェラカップによそったごはんにのせる。

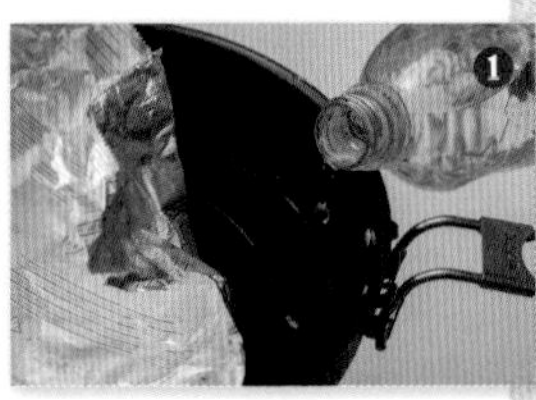

鍋肌から水を注ぎ入れる

「アイラップ」を活用しよう

右ページ「セルフうな重」のアドバイスで紹介しているのが、マチつきのポリ袋「アイラップ」です。食品用として使えるため、アイデア次第でさまざまな調理に活用できるのです。

ベーシックなアイラップ。サイズや表面加工が違う種類もある
サイズ：タテ350㎜×ヨコ210㎜×マチ40㎜／フィルム厚0.009㎜　材質：ポリエチレン　数量：1箱60枚入り　耐冷・耐熱温度：−30℃〜120℃

岩谷マテリアル㈱が1976年に発売した「ラップのように使える」ポリエチレン製袋がアイラップです。食材と調味料を一緒に入れて揉み込んだり、小分けにして冷凍保存した後、そのまま電子レンジや湯煎で解凍調理をしたりと、さまざまな用途に利用できます。その使い勝手のよさは一部地域で絶大な支持を得ていましたが、2018年に【公式】Twitterアカウントが話題となってから、人気は全国区となりました。

冷蔵庫での食材保存に。下味調理をし空気を抜いて口を結んでおけばにおい移りもなく、このまま鍋やレンジで加熱できる

『アイラップレシピ』
アイラップ愛好会 著／
山と溪谷社 刊　定価1540円
いろいろな活用法や具体的なレシピが盛りだくさん。アイラップファンの熱がこもった一冊。

[湯煎での加熱に活用]
食材を入れて湯煎すると、湿度のある中でゆっくり熱が加わるため、肉や魚がやわらかくジューシーに仕上がる。「セルフうな重」でのパックのかば焼きの温めも、アイラップを使えば手軽にふんわり、おいしくできあがる

フォロワー数27万以上のアイラップ【公式】Twitterアカウント。「中の人」のユニークなつぶやきばかりでなく、ファンのレシピもリツイートされていて使える!

BIG瀧本愛情バーガー

調理時間 30分
難易度 ★★★★★

山で作って
投稿しよう！
#瀧本愛情バーガー
#山ごはんレシピ3

材料
（ハンバーガー1個分）

バンズ…1個
生ハンバーグ…1個
ベーコン（半分に切る）
…1枚
鶏もも肉…100g
スライスチーズ…1枚
アボカド（食べやすく切る）
…1/4個
トマト（輪切り）…1枚
コールスロー（P42参照）
…適量
レタス（グリーンリーフ）
…1枚
冷凍ポテト
（シューストリング）
…適量
サラダ油…適量
自家製ソース（P43参照）
…適量

作り方

❶鶏肉は挟みやすいよう厚みを均一に切り、塩・こしょう（分量外）、サラダ油（小さじ1）をもみ込んでおく。

❷フライパンにサラダ油を熱し、フライドポテトを凍ったまま揚げる。

❸フライパンにサラダ油を熱し、生ハンバーグ、ベーコン、❶の鶏肉をそれぞれ火が通るまで焼く。

❹フライパンに下バンズを置き、ハンバーグ、スライスチーズ、トマト、レタス、鶏肉、コールスロー、ベーコン、アボカドを順に置いて上バンズをのせる。

❺❷を添え、自家製ソースをかける。

セパレートタイプのバーナーなら鋳物のスキレットも使える

アドバイス

レトルト惣菜のハンバーグを用意し、ベーコン、チーズ、トマト、アボカドを持参し、山でハンバーガー作りに挑戦！　バンズはコンビニでも購入できます。

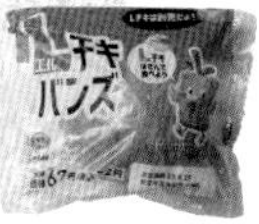

13巻

144話／空駆けるハンバーガー　山小屋アルバイトの妻・サヨリのもとへ大荷物を背負って訪れた夫・健次郎。久々の再会に健次郎がふるまったのは見た目も豪快な〝下界の味〟だった

BIG瀧本愛情バーガーの補足レシピ①
コールスローの作り方

調理時間 15分

難易度 ★☆☆☆☆

材料（作りやすい分量）

キャベツ（せん切り）…200g
ホールコーン…40g
塩…小さじ1/2
A | マヨネーズ…大さじ2
　| レモン汁（または酢）…小さじ2
　| 砂糖…小さじ1/2
塩・こしょう…少々

作り方

❶ キャベツに塩をふり、15分ほど置いて水けを絞る。

❷ ホールコーンとAを混ぜ合わせ、塩・こしょうで味を調える。

アドバイス

1日ほど置いておけるのでハンバーガーを作る前日に仕込んでおくとスムーズです。パンにソーセージと挟めばホットドッグになります。

BIG瀧本愛情バーガーの補足レシピ②
自家製ソースの作り方

調理時間 10分

難易度 ★★★★★

材料
（作りやすい分量）

トマトケチャップ…大さじ2
中濃ソース…大さじ1
粒マスタード…小さじ1
砂糖…小さじ1/2
おろしにんにく…少量

作り方

❶すべての材料をよく混ぜ合わせる。

アドバイス

ホットドッグ用のソースとしても重宝します。ハンバーグやソーセージにつけてもおいしい！

無駄じゃないさ
君に喜んでもらうためだもん

すりおろし果実ソーダ

▼保冷炭酸飲料ボトル

調理時間*
5分

難易度
★★★★★

*自宅での準備を除く

しゅわっとリフレッシュ！
冷やした炭酸水を専用ボトルに入れて山でソーダ作り

Ⓐ Ⓑ Ⓒ Ⓓ

13巻

145話／雨の奥多摩縦走（前編）すりおろし梨ソーダ　夏の終わりに奥多摩をめぐる日帰り登山へ。予報どおり雨となった道中、リフレッシュにと用意してきたのは…

材料(1人分)

フルーツポンチⒶ
フルーツのシロップ漬け
（缶詰やパウチ）…適量
レモン汁…大さじ1
炭酸水…適量

すいかサイダーⒷ　梨サイダーⒸ
梨、すいか
（すりおろせる果物）…適量
レモン汁…大さじ1/2
炭酸水…適量
ガムシロップ…適量

はちみつレモンサイダーⒹ
レモン…1個
はちみつ…60g〜
炭酸水…適量

作り方

自宅で準備すること

❶炭酸水を冷蔵庫でよく冷やし、保冷炭酸飲料ボトルに入れる。

❷フルーツポンチⒶ
フルーツ缶またはパウチを買う。

❸すいかサイダーⒷ 梨サイダーⒸ
すいかと梨はおろし金ですりおろし、レモン汁を加えてよく混ぜる。それぞれ袋に入れて容器に入れて持ち運ぶ。

❹はちみつレモンサイダーⒹ
レモンを輪切りにし、容器に入れてはちみつと合わせて持ち運ぶ（半日以上漬ける）。

❺ⒷⒸⒹの材料は、保冷剤とともに保冷バッグに入れる。

山での調理

❻フルーツポンチⒶ
グラスにフルーツとシロップ適量を入れ、レモン汁を加える。炭酸水を注いで軽く混ぜる。

❼すいかサイダーⒷ 梨サイダーⒸ
グラスに❸を適量入れ、炭酸水を注いで軽く混ぜる。ガムシロップで好みの甘さにする。

❽はちみつレモンサイダーⒹ
グラスに❹を適量入れ、炭酸水を注いで軽く混ぜる。

よく冷やした炭酸水を保冷炭酸飲料ボトルに移し替える

パウチタイプは軽くて持ち運びも楽

こぼれないように工夫し、すりおろした果物を持ち運ぶ

レモンのはちみつ漬けは容器に入れて持ち運ぶ

アドバイス

果汁は腐敗やボトルの変質の原因になるので炭酸飲料ボトルには入れないこと。必ず現地で炭酸と合わせてください。

トマ豚汁つけうどん

調理時間 30分

難易度 ★★★★★

ゆでた麺を
持ち運ぶときに
覚えておきたい
ちょいテク！

材料(1人分)

冷凍うどん…1玉
トマト…1/2個
たまねぎ…1/6個
にんじん…2cm
ピーマン…1/2個
ベーコン…1枚
しめじ…1/4パック
にんにく(みじん切り)…1/2かけ
オリーブ油…大さじ1
水…300mℓ
顆粒和風だし…小さじ1
みそ…大さじ1
塩…少々

作り方

❶トマト、たまねぎ、にんじん、ピーマン、ベーコンは食べやすい大きさに切る。しめじは小房に分ける。

❷フライパンににんにく、オリーブ油を熱し、❶を中火で炒める。

❸水、顆粒和風だしを入れて煮て、みそを溶き入れ、塩で味を調える。

❹うどんはゆでて水をきり、オリーブ油(分量外)をからめる。

アドバイス

みそを入れることで味が決まります。ラップで包んで持参を。スープは真空断熱フードコンテナに入れて持ち運んでもOKです。

先に野菜を炒めることでおいしくなる

ゆでたうどんにオリーブ油をからめる

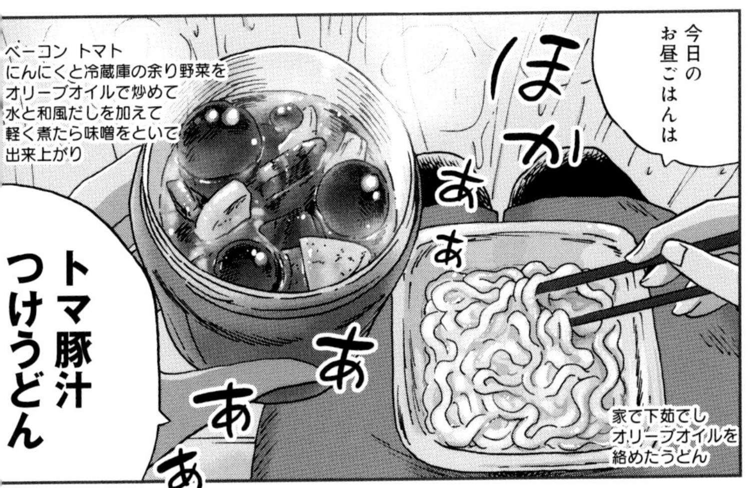

13巻 146話／雨の奥多摩縦走(後編) 野性を覚ますトマ豚汁うどん 雨中の奥多摩山行。ぬかるみに足を取られ体が冷えるなか、ツェルトをかぶって昼食。保温ポットで持参した温かいスープで腹に火が入る

▼オーブン ▼オーブンシート

どんぐりクッキー

調理時間＊ 40分

難易度 ★★
★★★

＊冷蔵庫で生地を休ませる時間を除く

どんぐり
食べてみたい！

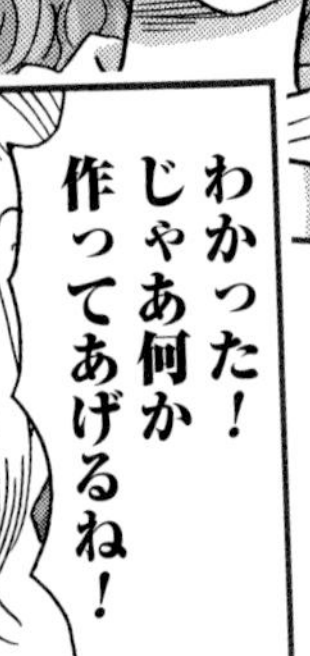

かめばかむほど、
どんぐり粉の
ほろ苦さを感じる
素朴な味です。

13巻

147話／ご期待通りのどんぐりクッキー　浜栗との雑談で、どんぐりでクッキーを作る約束をした鮎美。大量のどんぐりを拾って殻をむき製粉。焼きあがったクッキーのお味は?

材料（作りやすい分量）

どんぐり粉…70g
薄力粉…100g
卵…1個
バター（常温に戻す）…60g〜
砂糖…50g〜
塩…少々
ベーキングパウダー…小さじ1/2

アドバイス

レシピでは韓国のどんぐり粉を使って原作のクッキーを再現しました。生地ができたら冷蔵庫で休ませ、グルテンをゆるめましょう。生地は筒状のまま冷凍できます。包丁で切れるやわらかさまで解凍し、山行の前夜に焼いて山のおやつに！

作り方

❶ポリ袋に薄力粉、ベーキングパウダーを入れてよく混ぜ合わせる。
❷ボウルにバターを入れてゴムべらなどで練りながら、砂糖を数回に分けて加え、なじませるように練り混ぜる。
❸溶き卵を2〜3回に分けて加え、そのつど泡立て器で混ぜる。塩を加えてさらに混ぜる。
❹❶を❸にふるい入れ、ゴムべらでさっくりと混ぜ、どんぐり粉を加えて粉っぽさがなくなるまで混ぜる。
❺生地をラップにのせて転がし、直径5㎝ほどの筒状に整える。ラップで包んで冷蔵庫に入れ、1〜2時間休ませる。

❻ 1㎝厚さに切る。
❼ 天板にオーブンシートを敷いて❻を並べ、170℃に予熱したオーブンで20分焼く。

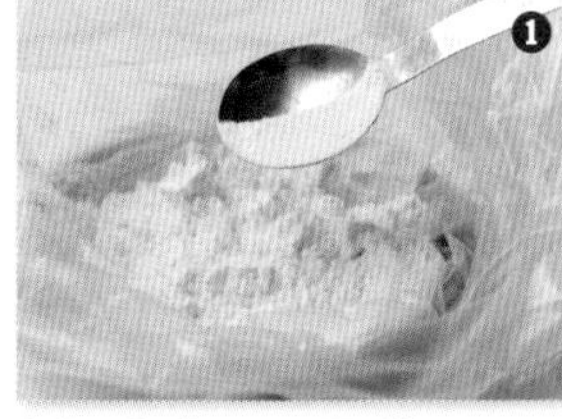
粉類はポリ袋に入れて混ぜ合わせる

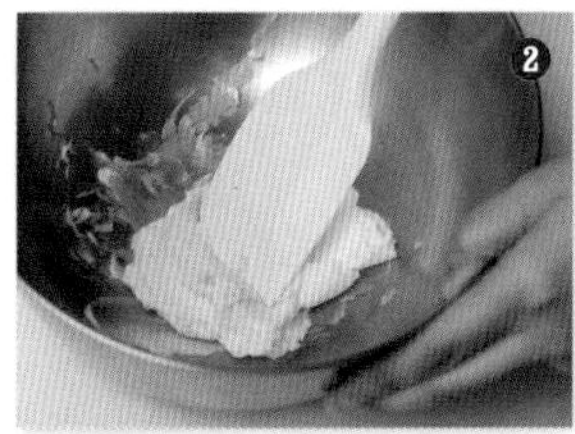
室温に戻したバターをへらで練る

分離しないように溶き卵は分けて加える

粉類を加えてさっくりと混ぜる

どんぐり粉を加えてさらに混ぜる

ラップを巻いて冷蔵庫で休ませる

焼きムラができないように、できるだけ均一に切る

少しふくらむので間隔を開けて並べる

きのこのホイル焼き
（きのこパーティー）
+ITEM
▼オーブン
調理時間
30分
難易度
★★
きのこの極み！
パンと合わせて
ワインのつまみに
私の
ぬるりんぼう…

きのこ類
（しめじ、舞茸、えのき、
しいたけ、エリンギなど）
…300〜400g
バター…15〜20g
白ワイン（または酒）…大さじ1と1/2
塩・黒こしょう…少々
しょうゆ…適量
レモン（カット）…適量
パセリ（みじん切り）…適量

美味しっ♡
一日頑張った甲斐があるたまらん味や

作り方

❶きのこ類は石づきをとり、大きめにほぐしたり、食べやすく切ったりする。

❷天板にアルミホイルを広げて❶をのせ、白ワインをふりかけてバターをちぎって散らす。

❸塩・黒こしょうを軽くふり、アルミホイルをかぶせる。

❹オーブンで10〜15分ほど蒸し焼きにする。

❺しょうゆをかけ、パセリをふり、レモンを添える。

きのこはしっかり400gほど用意する

バターは少しずつちぎってのせる

アドバイス

きのこは焼くと縮んでしまうので、大きめにほぐしましょう。きのこの量は減らしたり、包みを2つに分けて焼いてもOK。フライパンで蒸し焼きにすれば山でも作れます。

食感の良いぬるりんぼうなどのヌルヌル系と味が染み込むスポンジ状のイグチ系はまとめて鍋に

カラカサは天ぷらに

サクラシメジやクリフウセンはホイル焼きに

アカジコウとウラベニホテイシメジはバターソテーに♪

ほあああああ

14巻 **149話／キノコ宇宙へようこそ（後編）大丈夫なの？大丈夫じゃないの？** きのこ狩りを楽しんだ鮎美と鯉子。ペンションでの夕食は天ぷら、ホイル焼き、ソテーときのこパーティに！

昆布締め塩麹ステーキ

▼保冷バッグ ▼保冷剤

調理時間* 40分

難易度 ★★★

＊漬け込み時間を除く

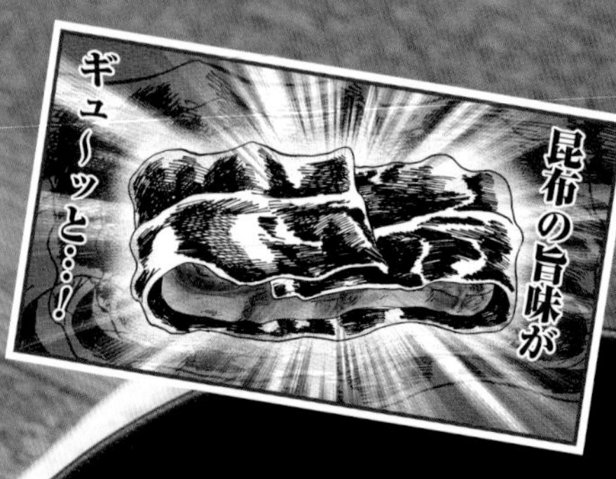

材料(2人分)

ステーキ肉…200〜300g
塩麹…適量
昆布…肉を包む分量
酒…100mℓ
サラダ油…大さじ1
わさびじょうゆ…適量

作り方

自宅で準備すること

❶ 昆布をポリ袋に入れて、ひたひたになるよう酒を注ぎ、15分くらい置いてやわらかくする。

❷ ステーキ肉の両面に塩麹を塗り、❶の昆布で包む。

❸ キッチンペーパー（2〜3枚）で❷を包み、輪ゴムでとめてジッパー付きポリ袋に入れる。保冷材とともに保冷バッグに入れる。

山での調理

❹ フライパンにサラダ油を熱し、半分にカットしたステーキ肉を焼き、わさびじょうゆを添える。

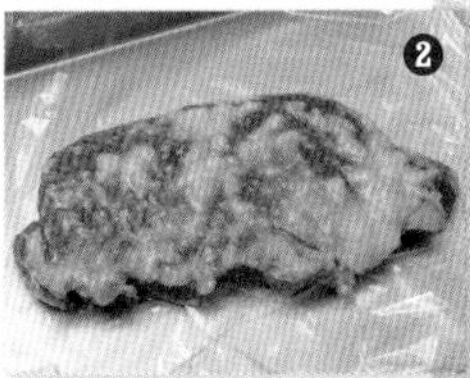

酒に浸して昆布をやわらかくする

商品の調理例を目安に塩麹を塗る

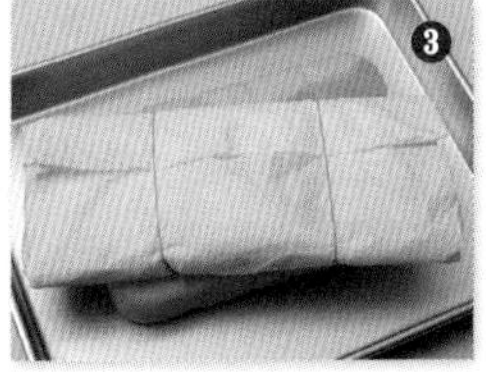

肉の昆布締めの仕込み完了

3

保冷剤と一緒に持ち運ぶ

アドバイス

激安ステーキ肉で作ると、昆布と塩麹のダブルパワーでおいしさが増していくのがよくわかります。肉に塗る塩麹の分量は、パッケージの調理例を目安にしてください。

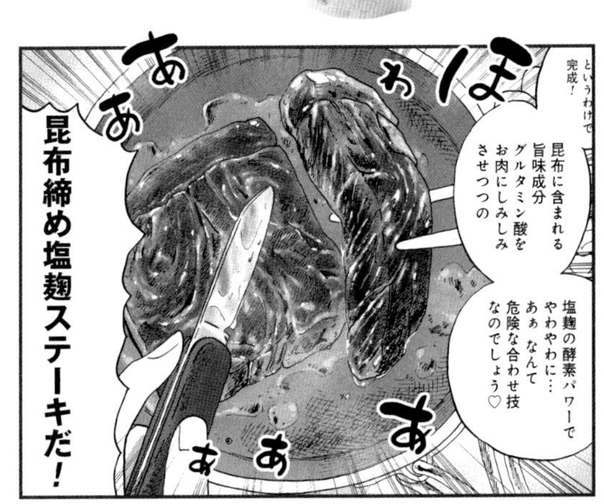

14巻 **150話／ギュッと昆布締め塩麹ステーキ** 久しぶりのテント泊。北海道の叔母・雨子が大量に送ってくれた昆布を活用すべく、朝からしっかりと仕込みをして臨んだ山ごはんの出来栄えは…

炒め昆布のおつまみ

調理時間 15分

難易度 ★★★★★

昆布をナイフで細かく切り
ごま油で炒めて
醤油 砂糖 白ごまで
お酒のおつまみに

じゅ

うまい！

わわわ

明日の朝食に炊く
白米のお供にも

余った昆布は
持ち帰る

14巻 **150話／ギュッと昆布締め塩麹ステーキ** 旨味の効いたステーキを楽しんだ鮎美は、残った昆布を酒の肴にテントの夜を満喫

材料（作りやすい分量）

昆布締め塩麹ステーキに使った昆布（P54参照）…80g
ごま油…大さじ1/2
しょうゆ…小さじ1/3～1/2
砂糖…小さじ1/3～1/2
白いりごま…適量

作り方

1. 昆布をキッチンばさみかナイフで食べやすい長さの細切りにする。
2. フライパンにごま油を熱し、昆布を炒め、砂糖、しょうゆで味つけする。
3. 白ごまをふって混ぜ合わせる。

アドバイス

生の肉を包んでいるので、できるだけ早めに調理しましょう。昆布と塩麹の量を勘案し、調味料の分量を調整してください。

登山系人気YouTuber
山下舞弓さん

モデルとして活躍中の山下さん。作品のなかでは本人として登場、すてきな料理を披露しています。

写真＝矢島慎一

1 山小屋のテラスで動画を撮影　**2**「山と溪谷ch」にも登場してもらいました　**3** 人気のYouTube「オトナ女子の山登り」もぜひ登録を

大好きな山をテーマとし、自身のYouTubeチャンネルでの発信が登山者に大人気の山下舞弓さん。各地の山を登ったレポートや、愛用している用具やウェアの紹介など、山下さんならではの視点から見つめた山の世界や登山スタイルは、男女を問わず多くの視聴者から共感を得ています。そんな山下さんは山ごはんも得意で、その腕前は「THE 山ごはん王決定戦」の初代優勝者に選ばれたほど。また、⑭巻155話ではオリジナルのレシピを考案し、料理を楽しむ姿を見せてくれています。さらに、初の著書となる『わたしの山登りアイデア帳』（右）では、信濃川日出雄先生との対談を実現、『山と食欲と私』読者も必読の内容になっています。ぜひ、山下舞弓さんの山の世界をのぞいてみてください。

『わたしの山登りアイデア帳』
山下舞弓 著／山と溪谷社 刊
定価1870円

山ごはんレシピやウェア選びなど、初著書にして山下さんの登山のノウハウがぎっしり。
＊2023年8月発売

摘みたて山菜のナンピザ
+ITEM
▼フライパンのふた
▼シェラカップ
▼小型バーナー
調理時間
20分
難易度
★★
シェラカップで手早くできる揚げ物にハマりそう！
怪しい者ではない
めっちゃ怪しい…

材料(1人分)

ミニナン…1枚
山菜(ふきのとう、たらの芽、こしあぶらなど)…適量
ミニトマト…1〜2個
ピザ用チーズ…大さじ1と1/2
粉チーズ…小さじ1
オリーブ油(揚げ用)…適量

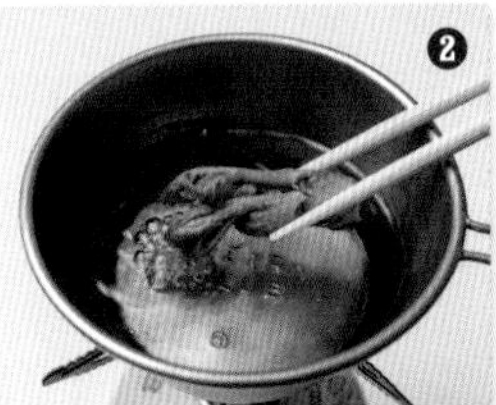

じゅわ〜と素揚げにして熱を通す

蒸し焼きにしてチーズを溶かす

作り方

❶山菜は食べやすい大きさに切る。
❷シェラカップにオリーブ油を1cmほど入れて弱火にかけ、❶を素揚げにする。
❸フライパンにフライパン専用のアルミホイルを敷き、ナンをのせる。ピザ用チーズを広げてのせ、❷と4等分に切ったミニトマトをのせてフライパンで蒸し焼きにする。
❹粉チーズをふりかけて、小型バーナーでサッとあぶる。

アドバイス

オリーブ油は100円均一ショップのミニボトルに移し替えて持ち運ぶと便利です。余った油はミニナンにつけるなどして食べきりましょう。

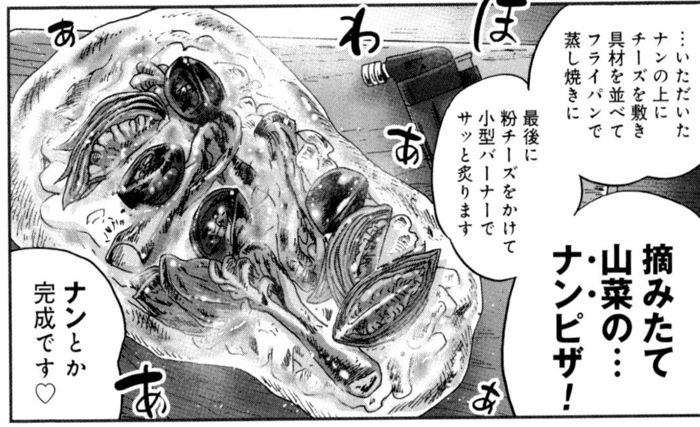

14巻

155話／摘みたて山菜のナンピザ 登山系YouTuber・山下舞弓の撮影現場に出くわした鮎美。重要な食材を忘れて困っていた舞弓に顔を隠した姿で鮎美は手持ちのナンを手渡す

鯛めし

調理時間*
40分

難易度
★★★★★

香ばしく焼いた鯛の香りがたまらない！徳島の「遊山箱（ゆさんばこ）」にごちそうを詰めました

*炊飯の時間を除く

四国に住む者として一度登らんといかん思っとっタ
鮎美が一緒ならワシ登れル！

材料（作りやすい分量）

鯛（切り身）…200〜250g
白米…2合
A　酒…大さじ2
　　薄口しょうゆ…大さじ1と1/2
　　みりん…大さじ1
　　塩…小さじ1/3
青ねぎ（小口切り）…適量
水…適量

作り方

❶ 米は洗って30分ほど浸水し、ざるにあげて水けをきる。
❷ 鯛はそぎ切りにして塩（分量外）をふり、15分置く。キッチンペーパーで水けをふき、魚焼きグリルで軽く焼き色がつくまで焼く。
❸ 炊飯器に米とAの調味料を入れ、2合の目盛りまで水を加えて軽く混ぜる。
❹ ❷の鯛をのせて普通に炊き、やさしく混ぜる。
❺ 弁当箱に❹を詰めて、青ねぎを散らす。

アドバイス

木の芽、焼きのり、いり白ごまなどをトッピングしてもよく合います。鯛めしは冷めてもおいしいので、おにぎりにしてぜひ山で味わって。

鯛から出た水けをふき、生臭みをとる

焼いた鯛をのせて炊飯する

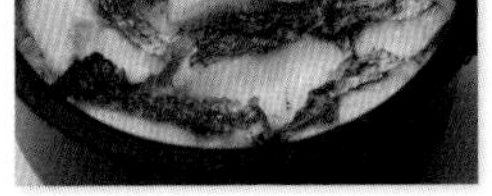
鯛めしの炊き上がり。鯛をいったんとり出して混ぜる

愛媛の郷土料理
鯛めし

鯛を炊き込んだ飯の上に鯛の切り身を焼いてのセタ

それを四国・徳島の伝統的なランチボックス…「遊山箱」に詰めてきたヨ

14巻

154話／四国松山〜石鎚山編③鯛めし重と鯛塩ラーメン　四国の山旅へ出た鮎美は宿泊したゲストハウスの管理人・ポールと石鎚山へ。ポールがふたりのお弁当にと用意していたのは豪華な愛媛の郷土料理だった

全国山めぐりと名物④
石鎚山とタルト

カステラ生地であんを巻いた松山銘菓を地元ではタルトという
hungryworks / PIXTA

表参道 日帰り

山頂成就駅→成就→夜明峠→弥山→天狗岳(1982m)往復

二座ある四国の日本百名山の一つが石鎚山。修験の山として知られ、ここで紹介する表参道（成就社コース）は太く長い鎖を何本も伝って崖をよじ登る行場が有名です。鎖場は迂回し、鮎美はポール・グリーズマンと白装束姿で登りました（⑭巻153・154話）。山頂付近は安山岩の柱状節理が独特の景観を作っていて、北アルプスの槍ヶ岳のように尖った天狗岳の姿は、頂稜がササや樹林に覆われがちな四国の山にあっては珍しい存在です。

合計歩行時間：5時間35分
グレード：中級
技術度：★★★★
体力度：★★★

鮎美たちがパスした鎖場。合計で4カ所あるが迂回することもできる　写真＝石川道夫

特徴的な石鎚山の天狗岳の尖鋒。
西日本最高峰1982mを誇る
写真＝萩原浩司

参考文献＝ヤマケイアルペンガイド『中国・四国の山』

鯛塩ラーメン

調理時間 10分
難易度 ★★★★

愛媛のご当地ラーメンに焼いた鯛をトッピングして香ばしく

鯛塩ラーメン

愛媛県名物 かの有名な「伯方の塩」を使ったあっさり塩味のご当地インスタントラーメンです！

14巻
154話／四国松山〜石鎚山編
③鯛めし重と鯛塩ラーメン　ポールと石鎚山に登頂。鮎美がお昼に用意したのはご当地即席麺

材料（1人分）

インスタントラーメン（鯛塩ラーメン）
…1袋
付属の粉末スープ…1袋
焼いた鯛の切り身…2切れ
ゆで卵…1/2個
メンマ…4枚
青ねぎ（小口切り）…適量

作り方

1. 鍋に湯450㎖を沸かし、粉末スープと麺を入れて、ほぐしながら3分煮て火を止める。
2. 器に盛り、焼いた鯛の切り身、ゆで卵、メンマ、青ねぎをのせる。

アドバイス

鯛の焦げた香りがラーメンのスープと混ざり合っておいしい！　山で作る場合、焼いた鯛をラップで包んで持参するか、生を持参して小型ロースターで焼いてもよいでしょう。

▼真空断熱フードコンテナ

東京ダルバート

準備のときからワクワクが止まらない。地元の食材でお試しあれ

調理時間

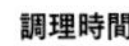

40分

難易度

★★★★★

ネパール〜ヒマラヤ大冒険
天国に近づいた男
大猿渡 直紀

14巻 **156話／東京ダルバート** ネパール・ヒマラヤを旅した冒険家のエッセイ本にハマる鮎美。奥多摩でネパールの定食＝ダルバートを再現しようと工夫した山ごはんに挑戦、ヒマラヤの山を夢想する

IWATANI PRIMUS
POWER GAS
IP-250T
NET 225g
作り方は次のページ
ダルバート
…今日はこれを自分なりに再現して山の上で食べてみることにしたのだ
ダルバートとは……ネパールでいう定食のことであり、スパイスが効いた豆のスープと、漬物、おかず、米などを合わせて食べる。厳密な決まりはなく家庭やお店によって様々。スパイスはいわゆるカレー風味であり美味しい。

▼真空断熱フードコンテナ

ダル＝豆のスープ

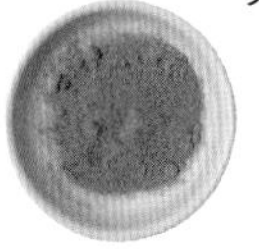

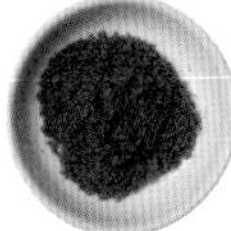

クミン

ターメリック

ガラムマサラ

コリアンダー

材料
（作りやすい分量）

ひよこ豆（ドライパック）…80g
大豆（ドライパック）…80g
にんじん…50g
たまねぎ…50g
いんげん…2〜3本
にんにく（みじん切り）…1/2かけ
おろししょうが（チューブ）…1㎝
サラダ油…大さじ1
水…400㎖
好みのスパイス
（クミン、ガラムマサラ、ターメリック、
コリアンダーなど）…適量
塩・こしょう…少々
ごはん…適量
べったら漬け、あさりの佃煮…各適量

作り方

自宅で準備すること

❶ にんじん、たまねぎは1㎝角に、いんげんは筋をとって1㎝の小口切りにする。

❷ フードコンテナに熱湯（分量外）を注いで温める。

❸ 鍋にサラダ油を熱し、にんにく、おろししょうが、❶の野菜を中火で炒める。

❹ 全体に油がなじんだら、スパイス類、大豆、ひよこ豆を加えてさらに炒める。

❺ 水を加えて好みのやわらかさに煮て、塩・こしょうで味を調える。フードコンテナの湯を捨て、スープを入れてふたをする。

❻ 弁当箱に、ごはん、べったら漬け、あさりの佃煮を詰める。

豆と同じような大きさに野菜を刻む

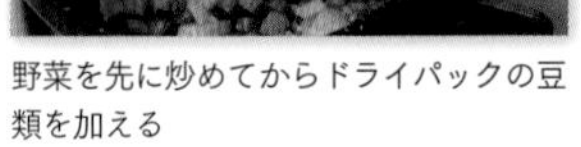

野菜を先に炒めてからドライパックの豆類を加える

タルカリ＝ジャガイモとのらぼう菜のスパイシー炒め

ダルバート
…のような山ごはん
東京ダルバート！
あ あ あ あ あ ぁ あ

材料（1人分）

じゃがいも…1個
のらぼう菜
（または菜の花や小松菜）…60g
サラダ油…大さじ1
塩・こしょう…少々
好みのスパイス
（クミン、ガラムマサラ、コリアンダーなど）…適量

アドバイス

スパイスはカルダモンなど好みのものを入れてください。単体のスパイスがない場合はカレー粉でもOK。フードコンテナを温めておくと保温性が高まります。

作り方

1. じゃがいもは食べやすい大きさに、のらぼう菜は5㎝長さに切り、茎と葉を分けておく。
2. フライパンにサラダ油を熱し、じゃがいもを入れて火が通るまで炒める。
3. のらぼう菜を茎、葉の順に入れて炒め、塩・こしょう、スパイスで味つけする。

じゃがいもに少し焼き色がつくくらいがおいしい!

“ねば〜”ギブアップ弁当

調理時間 15分

難易度 ★★★★★

材料(1人分)

オクラ…3本
モロヘイヤ…20g
長いも(または山いも)
…80g
納豆…1パック
しょうゆ…大さじ1〜
削り節…適量
おにぎり…2個

作り方

❶ 鍋に水と塩少々（どちらも分量外）を入れて火にかけ、沸騰したらオクラ、モロヘイヤを順にゆでてざるにあげて冷ます。オクラは小口切り、モロヘイヤは細かく刻む。

❷ 長いもは皮をむいてすりおろす。

❸ 容器に❶、❷、納豆を入れてよく混ぜ、しょうゆ、削り節で味つけする。おにぎりを添える。

アドバイス

オクラやモロヘイヤは、ゆでたあと水にさらすと水っぽくなってしまうので、そのままざるにあげて冷ましましょう。できあがりをごはんにかけるのもおすすめです。

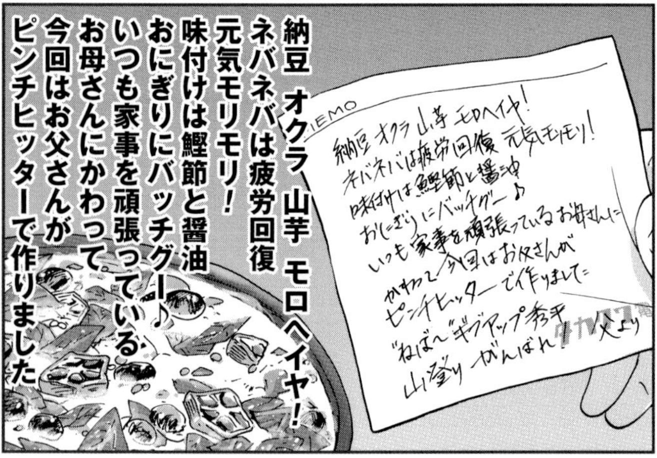

14巻 **157話／“ねば〜”ギブアップ弁当** 小学校時代、登山遠足に出かけた鷹桑。昼食は楽しみにしていた好物の唐揚げではなく、父・秀夫の手紙が添えられた驚きの手作り弁当だった

栄養も
ボリュームも
満点！
ネバネバで
ごはんが進む
〝ねば〜〟
ギブアップ秀平
山登り
がんばれ！
父より
タカダタ電気

特大鶏つくねと
冷蔵庫の
余り野菜の
ちゃんこ鍋
調理時間
30分
難易度
★★★★★
ゴロッと
具だくさん
疲れたときの
お助けメニュー

無事 帰宅

ほわぁぁぁぁぁ

こんな夜はモリモリ食べたい

特大鶏つくねと冷蔵庫の余り野菜のちゃんこ鍋だ！

14巻

158話／一人相撲のちゃんこ鍋 下

山中にすれ違った軽装備な登山者たち。遭難を心配し道を引き返した…が、それは取り越し苦労で、一人相撲の鮎美。安心して自宅に帰って食べたのは…

材料（1人分）

A（鶏つくねのたね）
- 鶏ももひき肉…200g
- しょうが（みじん切り）…1かけ
- 長ねぎ（みじん切り）…1/3本
- ごま油…大さじ1/2
- 片栗粉…大さじ1/2
- 塩・こしょう…各小さじ1/4

キャベツ…1/6個
長ねぎ…1/3本
しめじ…1/3パック
にんじん…1/4本
ちくわ…1本

B（スープ）
- 顆粒和風だし…小さじ1
- みりん…大さじ1と1/2
- しょうゆ…大さじ2
- 水…600mℓ

作り方

❶ つくねの材料Aを混ぜ合わせる。

❷ キャベツはひと口大のざく切り、長ねぎは斜め切りにする。しめじは小房に分ける。にんじんは薄い拍子木切りに、ちくわは斜め切りにする。

❸ ❶を3等分にして、油を薄く塗った手で形を整える。

❹ 鍋にBを入れて中火にかけ、沸騰したら❸を加える。

❹ ❷の野菜を加えて、具に火が通るまで煮る。

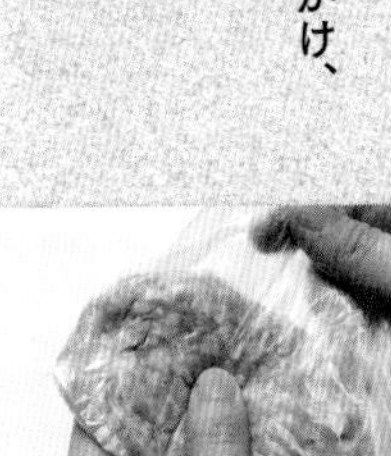
つくねのたねはポリ袋で混ぜるとラク

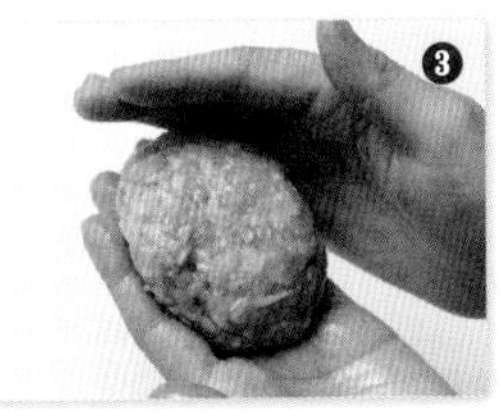
ハンバーグのような形に整える

アドバイス

山で作る場合は、つくねのたねを冷凍し、しっかり保冷して持ち運びましょう。野菜は「鍋用のカット野菜」を利用しても。スープは雑炊にして食べきって。

フキのカラメル煮弁当

挑戦したい！
山の恵みの
伝統保存食

材料
（作りやすい分量）

ふき（野ぶき）…250g
塩（板ずり用）…大さじ1
ごま油…大さじ1
水…適量
A　酒…大さじ1
　しょうゆ…大さじ1と1/2〜大さじ2
　みりん…大さじ1/2
　ざらめ…大さじ1〜大さじ1と1/2

調理時間*
60分

難易度
★★★★★

＊水にさらす時間を除く

作り方

❶ふきの下ごしらえをする。
ふきはゆで鍋の大きさに合わせて切る（長いほうが皮をむくときに楽）。
ふきに塩をふり、まな板に軽く押しつけながらゴロゴロ転がし（板ずり）、熱湯で3分ほどゆでる。
水にさらして粗熱をとり、皮をむく。
ふきは3cm長さに切って、水を取り替えながら、さらに1時間ほど水にさらし、水けをきる。

❷鍋にごま油を熱し、❶を入れてサッと炒め、Aを加えて弱火で煮る。

❸汁けがほぼなくなるまで煮詰めたらできあがり。

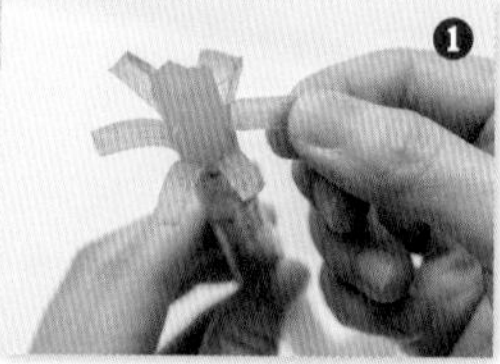

❶ 皮をまとめて一気にむきとり、上下をかえて反対側からも同様にむく

❶ 爪を使って太いほうの皮を放射状にぐるりとむく

アドバイス

ふきのゆで加減は好みで。あとから煮るので硬めでOKです。ふきを煮詰めるときは、焦がさないように気をつけましょう。

フキの独特な野性味がまろやかにコーティングされている
凶暴な野生の熊をかわいいイラストにデフォルメするかのような親しみやすさ
KUMA

160話／フキのカラメル煮弁当　登山道でクマの糞を発見、気配に怖れをなして下山・敗退した鮎美。後日、たくさんの熊鈴を身に着け無事登頂。ランチはクマの好物をおかずにした弁当だった

鮎のフライ
調理時間
40分
難易度
★★★
まわりはサクサク!中はふわっと香りよし
意外にいける♪

材料
（作りやすい分量）

アユ…5匹
塩・こしょう…適量
溶き卵…適量
薄力粉…適量
パン粉…適量
レタス、せん切りキャベツ…適量
ミニトマト…5個
揚げ油…適量

作り方

❶アユは包丁の先でウロコとぬめりをこそげ落として流水で洗い、水けをふいて塩・こしょうをふる。

❷❶に薄力粉を薄くまぶし、溶き卵をくぐらせて、パン粉をつける。

❸170℃に熱した油で❷を揚げる。一度とり出し、少し休ませてから再び揚げる（二度揚げ）。

❹ちぎったレタス、せん切りキャベツ、ミニトマトとともに❸を器に盛る。

❷ アユに薄力粉と溶き卵をつけてから、パン粉をまぶす

アドバイス

天然の大きなアユで内臓が気になる場合は、エラをとり、腹に切り込みを入れてとり除きましょう。アユは水分が多いので二度揚げすることでカラッと仕上がります。

ばくっ

今夜は鮎祭り！
多摩川で釣った天然鮎を塩焼きと…
衣をつけてフライに！
ほわあああ

15巻 161話／多摩川～笠取山編①鮎と多摩川と私　母・いるかと再婚相手の猪口とともに多摩川で鮎釣りに挑戦、天然の鮎の味を楽しんだ鮎美。その晩の香山栄螺の誘いで、多摩川の源流・笠取山の登山に同行することに

山賊焼（さんぞく）
調理時間
95分
難易度
★★
ジュワッと広がる肉汁が激ウマ信州地方のB級グルメ
んま♡

材料(1人分)

チキンレッグ(骨つき鶏もも肉)…1本(350〜400g)
塩・こしょう…少々
A
- にんにく(おろす)…1かけ
- しょうが(おろす)…1かけ
- しょうゆ…大さじ2
- 酒…大さじ1
- ごま油…大さじ1

片栗粉…適量
グリーンリーフ…1〜2枚
キャベツ(せん切り)…適量
ミニトマト…3個
レモン…1切れ
揚げ油…適量

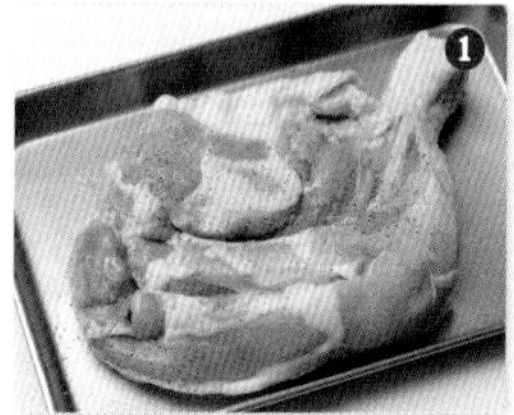

チキンレッグに塩・こしょうをふる

肉を調味液に漬ける

作り方

❶チキンレッグに軽く塩・こしょうをふる。

❷ジッパーつきポリ袋にAと❶を入れ、よくもみ込んで1時間ほど冷蔵庫に入れる。

❸❷の調味液をきって、片栗粉をまぶす。

❹160〜170℃に熱した油で❸を揚げる。一度とり出し、少し休ませてから再び揚げて中まで火を通す。

❺グリーンリーフ、キャベツ、ミニトマト、レモンとともに❹を器に盛る。

プットインア プラスティック バッグ アンド モミモミ

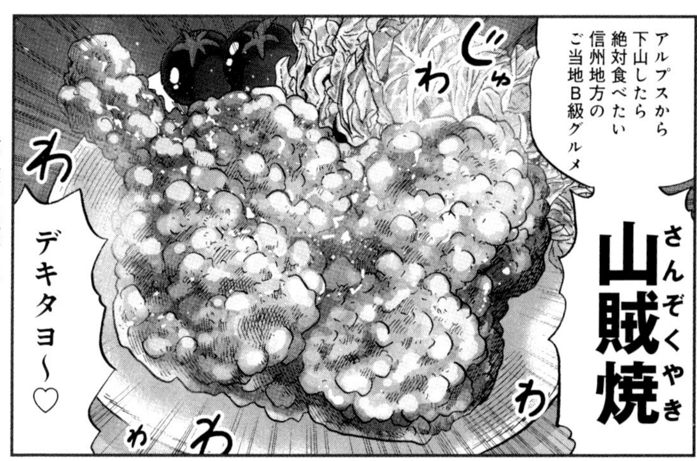

山賊焼(さんぞくやき)

15巻

164話/涙の山賊焼　遠方の山に行けずストレスの溜まる鮎美。占いアプリの教えに従って工夫をして生活に変化をつけようと、普段は着ない服を着て始めた料理は、長野県は中信地方の名物・山賊焼!

ポテチーグラタン

調理時間 20分

難易度 ★★★★★

+ITEM ▼小型バーナー

ワインの酸味を感じる濃厚クリーミーなグラタン風

材料
（作りやすい分量）

早ゆでマカロニ…80g
白ワイン…180mℓ
水…180mℓ
サラダビーンズ…50g
シチューのルウ…2かけ
サラミ（薄切り）…30g
厚切りポテトチップス…適量
溶けるスライスチーズ（大）…1枚

作り方

❶ フライパンにマカロニ、水、ワインを入れて中火にかけ、煮立ってきたらサラダビーンズを加える。

❷ 袋の表示時間どおりにマカロニをゆでたらいったん火を止め、シチューのルウを加えて混ぜ溶かす。サラミを並べて弱火で軽く煮て、ポテトチップスを好きなだけのせる。

❸ ポテトチップスがしんなりと煮えてきたらスライスチーズをのせ、小型バーナーでサッとあぶる。

アドバイス

コンソメ味の厚切りポテトチップスで作るとコクが出ておいしくなります。バーナーがない場合は、フライパンにふたをしてチーズを溶かしてください。

ワインと水でマカロニをゆでる

いったん火を止めてルウを加える

15巻

166話／再会の山小屋編②宴会のポテチーグラタン
倉毛平小屋で働くサヨリを訪ねた鮎美と鯉子。久しぶりの再会を祝って山小屋の自炊室でささやかな宴会を開き、鮎美はアイデア料理に腕をふるう

山小屋宴会メニュー3種

調理時間 20分

難易度 ★★★★★

15巻

166話／再会の山小屋編②宴会のポテチーグラタン　山で再会の三人。バイト仲間も交えての宴会で夜は更ける

カマンベールチーズとミニトマトのピンチョス

材料（作りやすい分量）

切れてる
　カマンベールチーズ
　…5個
サラミ（薄切り）…5枚
ミニトマト…5個

作り方

❶ カマンベールチーズ、サラミ、ミニトマトの順に重ねてピックなどで刺す。

アドバイス

山中の宴会ではチーズ、キウイ、ミニトマト、味つけ缶詰など持ち運びしやすい食材が大活躍。レモンペッパーソルトなど、スパイスで味に変化をつけると特別感を演出できます。

キウイと生ハムのサラダ

材料（作りやすい分量）

キウイ…1/2個
生ハム…5枚

作り方

❶ キウイを半月切りにする。

❷ 生ハムをくるっと巻いてキウイと交互に並べる。

燻製牡蠣の缶詰混ぜご飯

材料（2～3人分）

温かいごはん…米1合分
燻製牡蠣の缶詰…1缶
レモン（カット）…適量
レモンペッパーソルト
　…適量

作り方

❶ ごはんに「燻製牡蠣の缶詰」の牡蠣とオイル（好みの量）を加えて混ぜ合わせる。

❷ レモンを絞って、レモンペッパーソルトをふる。

サイドメニューも充実

燻製牡蠣の缶詰の混ぜご飯（レモンペッパーソルトをお好みで）

カマンベールチーズにミニトマトと余りのサラミを爪楊枝で刺して

キウイと生ハムのサラダ

バイト仲間の芋田くんと茸崎くんです
ど～も～
うま～ 幸せ♪
出会いにカンパ～イ!
手軽にできてワインにぴったり。山小屋での宴会メニュー

もやしと魚肉ソーセージ炒め物入りおにぎり

調理時間* 40分

難易度 ★★★★★

＊炊飯の時間を除く

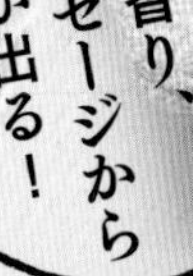

材料
（約3個分）

白米…1合
もやし…150g
魚肉ソーセージ…1本
A　顆粒鶏がらだし…小さじ1
　しょうゆ…大さじ1/2
　ごま油…小さじ1
こしょう…適量
水…適量

作り方

❶ 米は洗って30分ほど水に浸し、水けをきる。

❷ もやしは洗ってよく水けをきり、魚肉ソーセージは5㎜幅に切る。

❸ 炊飯器に❶、Aの調味料を入れ、水を1合の目盛りまで加えて軽くかき混ぜる。

❹ ❷のもやし、魚肉ソーセージをのせて普通に炊く。炊きあがったらこしょうをふり、軽く混ぜ合わせておにぎりを握る。

アドバイス

原作では炒め物ですが、ここではおにぎりにしやすい炊き込みごはんのレシピを紹介しました。山ではコッヘルで炊飯し、そのまま食べてもグッド！

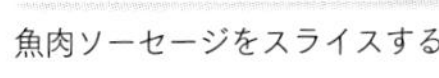

❹ もやしと魚肉ソーセージを入れて炊飯する

❷ 魚肉ソーセージをスライスする

15巻 **おまけ／私のランチとQOM“M”Lの相関性**　山歩きのクオリティ＝Quality of My Mountain Lifeアップを鯉子に力説する鮎美だが、ランチに持参したおにぎりのクオリティを指摘され…

あんかけ肉カステラ鷹桑スペシャル

調理時間*
60分

難易度
★★★★★

*冷やす時間を除く

15巻

169話／燕岳〜あんかけ肉カステラ 燕岳へ登山に来た鷹桑。急登にあえぎ挫けそうになるも女性登山者の声かけで復活、無事に燕山荘へ。自ら考案の特製メニューに舌鼓を打つ

超本格的なのに
味つけは
焼き肉のたれだけ。
マネしたくなる
スペシャルメニュー
作り方は
次のページ
さっきのコ…
キョロ
キョロ
いないかな…
ゾロ
ゾロ

+ITEM ▼パウンドケーキ型などの焼き型

材料（作りやすい分量*）

＊20.5×8×5cmの型を使用

- 餅米…1合
- 牛バラ薄切り肉…400g〜
- 塩・こしょう…適量
- 片栗粉…大さじ1と1/2〜
- サラダ油…大さじ1
- 大葉…5〜6枚
- たれ
  - 市販の焼き肉のたれ…大さじ4〜5
  - 水…大さじ2
  - 片栗粉…小さじ1
- 青ねぎ（小口切り）…2〜3本

作り方

自宅で準備すること

❶ 炊飯器で餅米を炊く。

❷ 牛肉に軽く塩・こしょうをし、片栗粉を薄くまぶす。

❸ フライパンにサラダ油を熱し、❷を広げて入れて焼く。

❹ 型にラップを敷く。牛バラ肉、餅米、牛バラ肉、大葉、餅米、牛バラ肉の順に平らに詰める。缶詰などをのせて押し固め、そのまま一晩冷やす。保冷剤とともに保冷バッグに入れる。

アドバイス

あんかけ肉カステラは、七味唐辛子、山椒、からしをつけて食べてもおいしいです。山ごはんはもちろん、持ち寄りパーティのメニューにしても盛り上がります！　バラ肉以外に薄切り肉で作っても◎。

山での調理

❺❹をカステラの厚みに切る。

❻大きめのフライパンに
たれの材料を入れて弱火にかけ、
混ぜながらひと煮立ちさせる。

❼フライパンに❺を入れ、
たれをスプーンで何度も回しかけ、
青ねぎをふる。

牛肉→餅米→牛肉→大葉→餅米→牛肉の順に重ねる

すべて重ねたらラップを閉じる

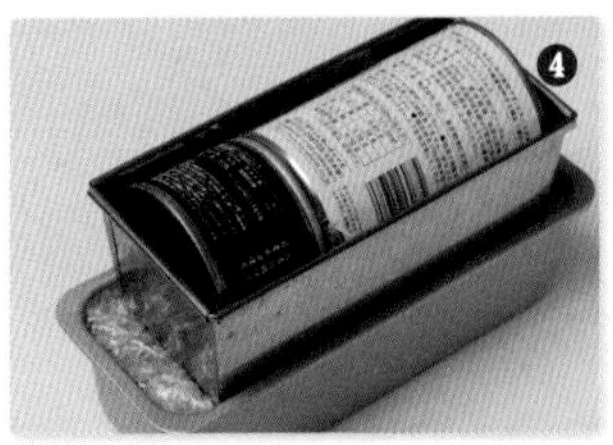

缶詰などで重しをして冷蔵庫へ

きれいな層のできあがり

端からカステラの厚みに切る

たれの材料をフライパンに入れる

全国山めぐりと名物⑤
燕岳と
合戦小屋のスイカ

合戦尾根のきつい登りの途中にある売店、合戦小屋名物のスイカ

合戦尾根 1泊2日

中房・燕岳登山口→合戦小屋→燕山荘→燕岳(2763m)往復

⑮巻169話で鷹桑がチャレンジしたのが北アルプス入門者に最適の燕岳です。コースである合戦尾根は北アルプス三大急登の一つで、夏場の登山では大汗をかくこと必至です。鷹桑同様に途中の休憩所、合戦小屋でスイカをぜひ味わってください。さまざまな形の花崗岩が特徴的な美しい姿の燕岳は、人気の山小屋・燕山荘での宿泊とセットで楽しむのがおすすめですが、体力に自信のある登山者であれば日帰りでの往復も可能な山です。

合計歩行時間：7時間40分
グレード：初級

技術度：★★
体力度：★★

不思議な形をした岩が立ち並ぶ燕岳。通称イルカ岩は有名　写真＝編集部

花崗岩の岩塔が連なる独特の景観の燕岳。北アルプスの女王の名も

写真・情報＝渡辺幸雄　参考文献＝ヤマケイアルペンガイド『北アルプス 槍・穂高連峰』

かんずり旨辛おでん

調理時間 5分

難易度 ★★★★★

新潟のピリ辛調味料を持っていくだけで、山ごはんが盛り上がる！

かんずり旨辛おでん

ふぁあああああ

「かんずり」とは唐辛子や糀などを原料とし3年以上ものあいだ長期熟成・発酵させて作る新潟の伝統調味料

辛味だけではなく深い旨味も料理に加えてくれる

凍える寒さを吹き飛ばす熱々HOTな激辛アレンジおでんいただきます!!

16巻

173話／雪中の旨辛おでん

山と同化するように降り積もった雪に身を埋める鮎美。火をおこし、温めたおでんに新潟の名物香辛料を加えると…

材料（2人分）

おでんパック…1袋
かんずり…適量

作り方

1. コッヘルにおでんを入れて温める。
2. かんずりをつけておでんを食べる。だし汁は雑炊にしたり、うどんを煮たりして余さず食べきる。

関東だき

かんずり

アドバイス

かんずりは赤唐辛子、こうじ、柚子、塩を長期熟成させた新潟の伝統的な調味料。餃子や焼いた肉につけたり、ラーメンにトッピングしてもよく合います。

味噌貝焼き（みそかやき）

＋ITEM
▼貝ナイフ（または洋食ナイフ）
▼シェラカップ

調理時間 30分

難易度 ★★★

みそと溶き卵のとろとろがホタテに合う！

材料(1人分)

殻つきホタテ貝…1個
溶き卵…適量
A　みそ…大さじ1/2
　　みりん…小さじ1
　　酒…小さじ1
　　水…大さじ2
青ねぎ(小口切り)…適量

アドバイス

調味液や溶き卵は、ホタテの大きさや好みで量を調節してください。噴きこぼれやすいので、自宅で作る場合はオーブンやトースターで焼くのがおすすめです。

作り方

❶ ホタテの殻はきれいに洗う。内側もさっと水を流し砂を出す。横から見て平らなほうを上に、ふくらんでいるほうを下にする。平らな上側の殻にそわせて貝ナイフを差し込み、貝柱を断ち切る。殻を外し、貝柱、ヒモをとり出す。洗って、それぞれ食べやすい大きさに切る。

❷ シェラカップにAを入れ、よくかき混ぜてみそを溶く。

❸ ストーブに殻をのせ、❷（殻の大きさによって量を調整する）と❶の貝柱とひもを入れ、弱火にかけて火を通す。

❹ 溶き卵を加えて好みのかたさにし、青ねぎを散らす。

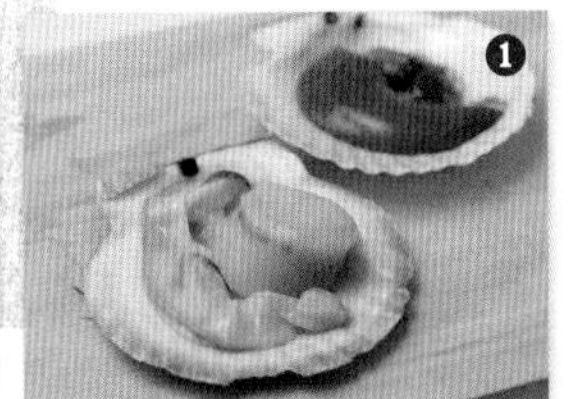
手前の貝柱とヒモは刺身用なら生食可。奥のオレンジ色の部位はメスの生殖巣（オスはクリーム色）。食べるなら雌雄とも充分に加熱を。黒い部位は中腸腺（通称ウロ）で食べられない

調味液はあらかじめよく混ぜておく

黒いダイヤことクロマグロのお刺身
大間と言えばやはりコレ 水揚げ地ゆえに一度も冷凍保存されていないお魚が手に入る… これこそ真の贅沢
ホタテの貝殻に好きな魚介を載せて味噌で焼き 卵でとじる 青森の郷土料理 味噌貝焼きを添えて
いっただっきまぁ～す♪
中トロ
赤身
大トロ

16巻 **170話／青森・下北半島～恐山編①大間のマグロと味噌貝焼き**　自由気ままに本州北端・下北半島大間崎まで来た七実。大間名物のクロマグロをはじめ、魚介の郷土料理を満喫する

雪山ケーキ
レシピ考案：Azusa（THE 山ごはん王決定戦ファイナリスト）
ITEM
▼茶こし
調理時間
10
難易度
スポンジとフルーツ、ホイップクリームで雪山に。いくらでも食べられそうな軽いおやつ
うまい
やばい どうしよ
かわいすぎるよ
わ！っ
いいのができた
やった

雪山ケーキ

材料（作りやすい分量）

市販のスポンジケーキ
（直径15㎝）…1台
好みのカットフルーツ…適量
市販のホイップクリーム…1パック
粉糖…適量
ココアパウダー…適量
抹茶パウダー…適量

作り方

1. スポンジケーキを適当な大きさにちぎって、木製プレートに山のように積み上げる。
2. フルーツをスポンジの隙間に詰める。
3. ホイップクリームを絞り出し、箸やスプーンなどでならして山の表面を覆う。
4. クリームの表面を整え、茶こしを通して粉糖、ココアパウダー、抹茶パウダーをふり、動物フィギュアなどを飾る。

スーパーで手に入る雪山ケーキの材料

粉糖、ココアパウダー、抹茶パウダーの順にふる

スポンジケーキの隙間にフルーツを詰める

16巻

174話／電熱ベストで雪山ケーキ　雪化粧した山で電熱ベストとブランケットで防寒対策。冷えた空気の中で見た目もかわいい、とっておきのスイーツを作る

うまい岳
10分もかからずに…完成～♡

ツノを立たせてマッターホルンだ～～……なんて
自分で作るケーキは大盛りもわがままもOKで楽しいのだ

アドバイス

市販のタルト台に盛りつけたり、シェラカップでパフェ風に仕立てるなど、アレンジもお楽しみください。

スタミナ野沢菜焼きうどん

材料
（2〜3人分）

ゆでうどん…2玉
豚こま切れ肉やバラ肉…180g
にんじん…5cm
野沢菜の漬物…80g
にんにく（薄切り）…1かけ
サラダ油…大さじ1
カレー粉…大さじ1/2
野沢菜の漬け汁…大さじ1
酒…大さじ1
顆粒鶏がらだし…小さじ1
オイスターソース…大さじ1/2
塩・こしょう…少々

作り方

❶豚肉、にんじん、野沢菜は食べやすい大きさに切る。
❷フライパンにサラダ油とにんにくを熱し、香りが立ったら❶の豚肉、にんじんを入れて炒める。
❸カレー粉を加えて炒め合わせる。ゆでうどんをほぐして加え、❶の野沢菜も加えてさらに炒める。
❹野沢菜の漬け汁、酒、顆粒鶏がらだし、オイスターソースで調味し、塩・こしょうで味を調える。

4
野沢菜の漬け汁も加える

アドバイス

豚肉はバラ肉など脂が多めの部位を使うと、コクが増しておいしくなります。野沢菜の漬け汁も活用しましょう。

16巻

175話／スタミナ野沢菜焼きうどんと瀧本夫婦の雪板遊び 長野北部でカフェを営む美斉津テンのもとを訪れた健次郎とサヨリ。積もった雪で雪板を楽しんだ後は名物野沢菜を使った料理をテンがふるまう

大根とアンチョビのピリマヨドッグ

調理時間 20分

難易度 ★★★★★

材料（作りやすい分量）

ホットドッグ用パン…2〜3個
大根…120g
新たまねぎ…50g
アンチョビフィレ…2〜3枚
サラダ油…大さじ1/2
にんにく（みじん切り）…1/2かけ
A
- マヨネーズ…大さじ1
- 粒マスタード…大さじ1/2
- パセリなどハーブやスパイス…適量
- 塩・こしょう…少々

グリーンリーフ…適量

作り方

❶ 大根とたまねぎは1cm角くらいに切る。

❷ フライパンにサラダ油とにんにくを入れて弱火で熱し、香りが立ったらアンチョビを入れてヘラで崩しながら油となじませる。

❸ ❶を加えて、大根がしんなりするまで炒める。

❹ Aを混ぜ合わせて❸に加えてあえ、グリーンリーフとともにパンに挟む。

3

大根がしんなりするまで炒める

アドバイス

好みのハーブやスパイスでアレンジをお楽しみください。パセリ、バジル、クミン、チリパウダー、マジックソルト、クレイジーソルトもおすすめです。

16巻

178話／大根とアンチョビのピリマヨドッグ　都内のレンタル農園でなぜか大根栽培に精を出す鯉子。週末に奥多摩にある縁結び地蔵尊を訪れ、収穫した二股大根を供えた後、ランチはもちろん大根を使った…

パンにも
ぴったり！
コクのある大根と
たまねぎの
コロコロサラダ

お地蔵さま
よろしゅう
たのんます

ミックスナッツコーヒー

▼シェラカップ

調理時間 20分

難易度 ★★★★★

アーモンド くるみ カシューナッツを砕いて煎って作った代用コーヒー

名付けて **ミックスナッツコーヒー**

いただきまーす

材料（作りやすい分量）

ミックスナッツ
（塩分不使用）…1/2カップ
湯…適量

作り方

❶ ミックスナッツは袋に入れた状態で水筒や石などで叩いて砕く。

❷ ストーブにシェラカップをのせ、❶を入れて弱火でコーヒー豆のような色になるまでローストする。

❸ ドリッパーにペーパーを重ね、❷を適量入れて湯を少しずつ注ぐ。

あ〜〜〜 もう一口

うん うん うん

16巻 **176話／代用のミックスナッツコーヒー** 山中で道迷い。スマホの電池は切れ、地図とコーヒーの粉まで忘れた状況で思いついたのが、行動食のナッツで…

アドバイス

ミックスナッツを使ったレシピは、『日々野鮎美の山ごはんレシピ』P50「砕きミックスナッツのペペロンチーノ」でも紹介しています。参考にしてください。

もやい結びのロープワーク

次ページの料理「パワフルハンバーグパイ」の
パイ生地の〝あみあみ〟。その「もやい結び」のやり方を紹介！

イラスト＝ヨシイアコ

ロープで輪を作るための最も基本的な結び方が、このもやい結び（ボーラインノット）。はじめにロープの途中に輪を作り、その中へロープの末端を通していきます。そのままではゆるんでほどけやすいので、実際のロープワークでは必要に応じて末端処理をしましょう。

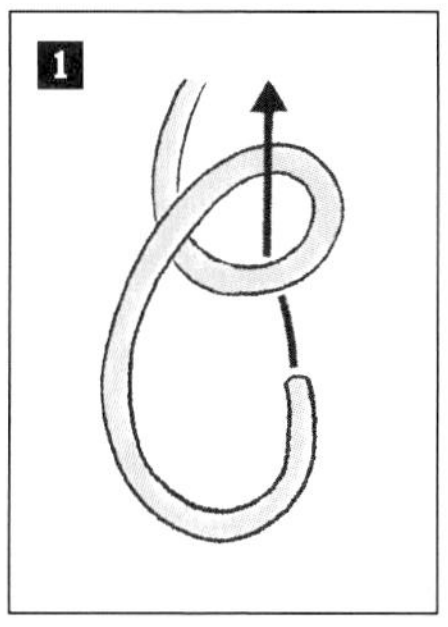

1 ロープの途中にイラストのような輪を作る

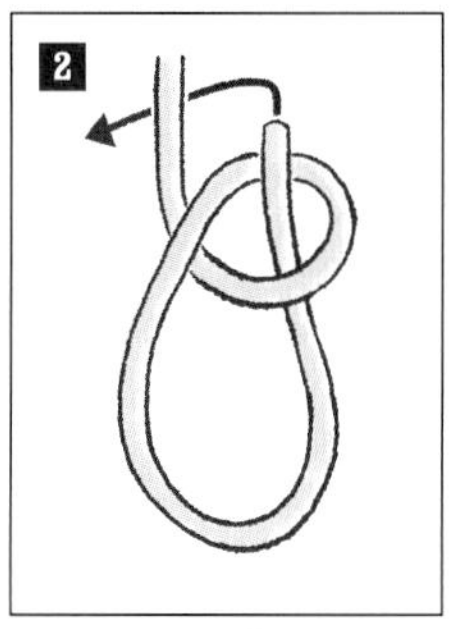

2 輪の下からロープの末端を通し、矢印のように絡める

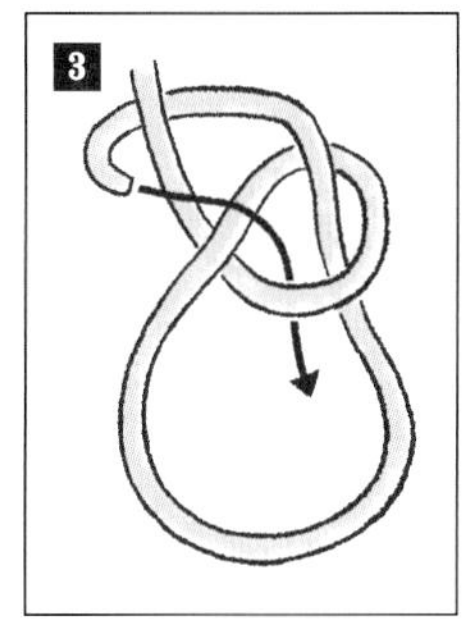

3 今度は上から末端を輪の中に通す

4 結び目をしっかり締める

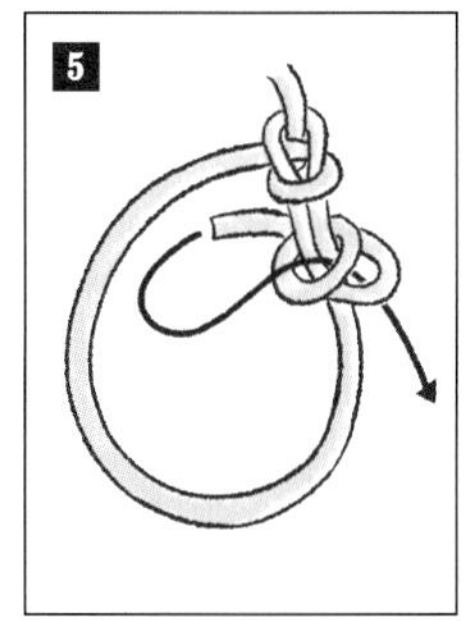

5 [末端処理の方法]
あらかじめロープ末端が長く余るように結んでおき、最後に結び目をくっつけて締める

参考資料＝ヤマケイ新書『山のABC 基本のロープワーク』羽根田 治 著（山と溪谷社）

パワフルハンバーグパイ

▼オーブン ▼オーブンシート

調理時間* 60分

難易度 ★★★★★

*冷やす時間を除く

完成！パラ※コードブレスレット！

※パラコードとは…
パラシュートにも使用される
高強度の細いロープである

合計2メートル以上のパラコードを編み込んでコンパクトに

いざという時にはスルスルっとほどいてしまえばロープとして使用可能

ついでにかっこよくておしゃれ！実用的で無駄がないアクセサリーなのだ

17巻

183話／あみあみのパワフルハンバーグパイ　徒渉で転んでびしょ濡れの鮎美。気分が落ち込み、着替えに悩みながらの山ごはんは、ボリューム満点で元気の出る…

材料３つだけ！
パイシートで
もやい結びに
挑戦してみよう
パイの作り方は
次のページ
ビキッ

▼オーブン ▼オーブンシート

材料（1個分）

炊いたごはん…適量
焼いたハンバーグ…1個
冷凍パイシート…適量
ケチャップ、ソース…適量

アドバイス

ベーシックなロープワークの一つである「もやい結び」。P99で解説していますので参考にしてください。

作り方

❶ごはんとハンバーグの粗熱をとる。

パイシートを切り出してつなげる

❷半解凍にしたパイシートを、ハンバーグよりもやや大きな楕円形に切る（底になる）。

❸パイシートを1・5㎝幅の棒状に2本切り出す。端を少し重ねて置き、つなぎ目に水をつけて1本にする。これをもう1本作る（側面になるパイ）。

❹パイシートを1・5㎝幅の棒状に3本切り出す。❸と同様につないで1本にする（もやい結びにするパイ）。

下のパイを組み立てる

❺❷の楕円形のパイシートの上に、❸の2本をそれぞれねじって輪にしたものを重ねてのせる。

このとき生地の長さは適宜調節し、パーツを接着するときは水をつける。パイの内側にアルミホイルで作ったリングを置く。

もやい結びのふたを作る

❻ ❹のパイシートを「もやい結び」にする。❺のふたになるように生地の長さを適宜調節する。生地がやわらかくなってきたら冷やす。

パイを焼いて組み立てる

❼ 天板にオーブンシートを敷き、❺と❻を離してのせる。200℃に予熱したオーブンで15~20分焼く。

❽ 下のパイに❶を詰めてハンバーグにケチャップやソースを塗り、「もやい結び」にしたパイを重ねる。

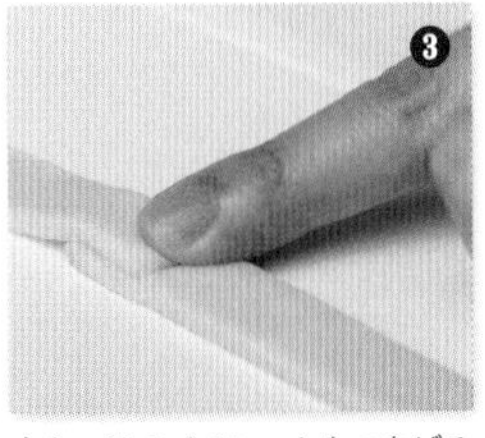

水をつけてパイシートをつなげる

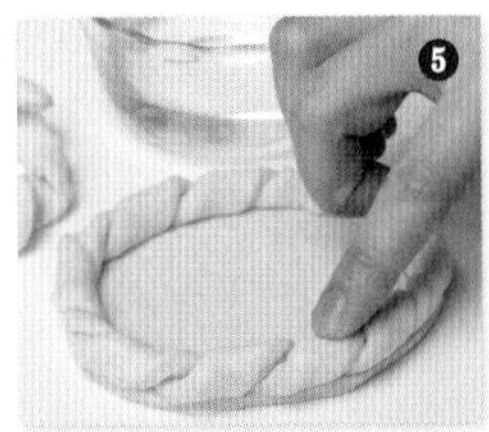

水をのりにして組み立てる

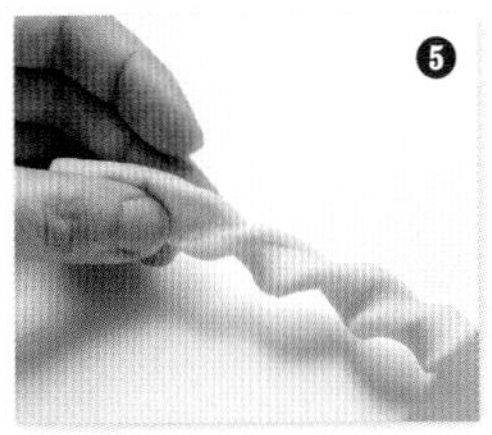

パイシートをやさしくねじる

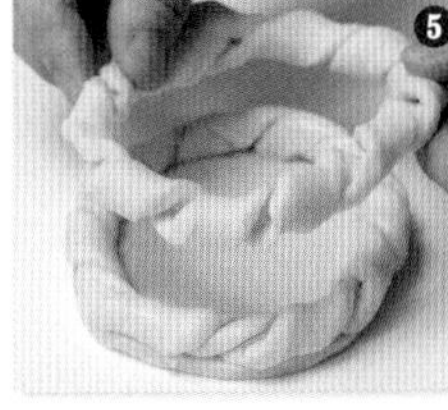

輪にした生地を2つ重ねる

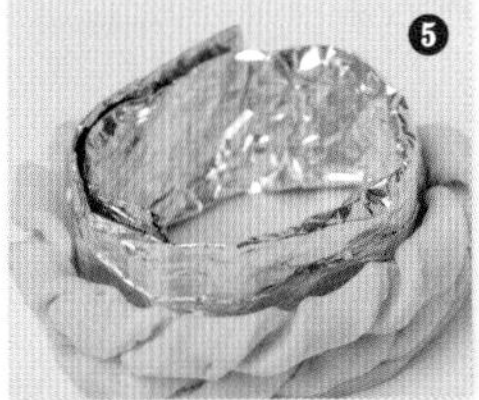

アルミホイルのリングを内側に置いて変形を防ぐ（パイ生地が外側に広がることもあるので、外側にもリングを置いても）。

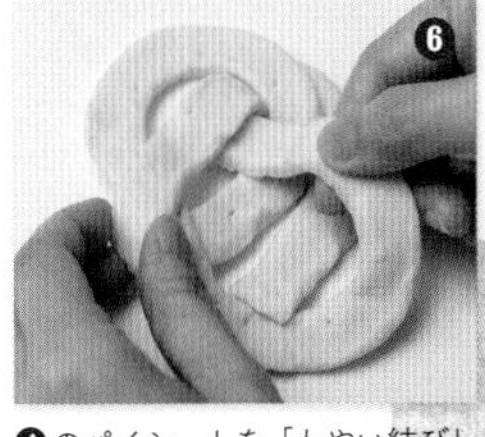

❹のパイシートを「もやい結び」にする

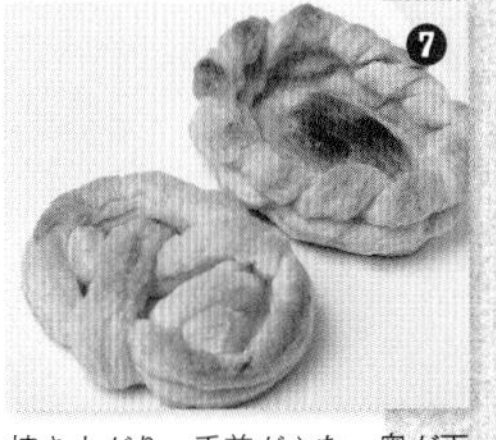

焼き上がり。手前がふた、奥が下になるパイ

ごはんとハンバーグを順に詰める

そら豆のペペロンチーノ

調理時間 20分

難易度 ★★★★★

材料（作りやすい分量）

そら豆（さやからとり出す）…約200ｇ
オリーブ油…大さじ1
にんにく(薄切り)…1かけ
赤唐辛子(輪切り)…少々
塩・黒こしょう…適量

作り方

❶そら豆は塩（分量外）を加えた熱湯でサッとゆでて、薄皮をむく。

❷フライパンにオリーブ油とにんにくを入れ、弱火でじっくりとにんにくが色づくまで火を入れてとり出す。

❸❷のフライパンに赤唐辛子と❶のそら豆を入れて炒め、❷を戻し入れて塩・黒こしょうで調味する。

アドバイス

そら豆を下ゆでするときに、早ゆでショートパスタを加えて「そら豆ペペロンチーノパスタ」にアレンジするのもおすすめです！

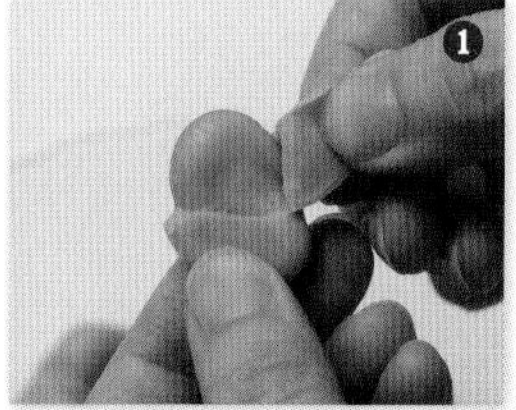

下ゆですると薄皮がむきやすくなる

にんにくは弱火でじっくり火を入れる

17巻

182話／鹿児島単独ドライブ山旅編④豚味噌おにぎりとそら豆のペペロンチーノ　開聞岳へ登る鮎美。投宿先の女将・伊集院鮎美が持たせてくれた弁当は地元特産のそら豆料理とおにぎり

にんにくと
赤唐辛子と
オリーブ油で
素材の味を
ぐっと引き出す

豚味噌おにぎり

調理時間 5分

難易度 ★★★★★

甘くて濃厚！鹿児島の黒豚みそ

ウマイ
甘くて濃厚な肉味噌が疲れた体に沁みるぅ〜

17巻

182話／鹿児島単独ドライブ山旅編④豚味噌おにぎりとそら豆のペペロンチーノ　開聞岳に登頂。宿の女将の手作り山ごはんと下界の眺めを満喫

材料（1個分）

温かいごはん
…茶碗1杯
鹿児島の黒豚みそ
…適量

作り方

1. 鹿児島の黒豚みそを具にしておにぎりを握る。

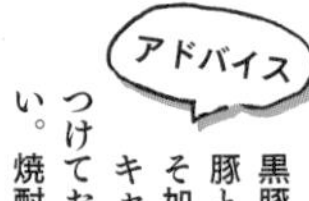

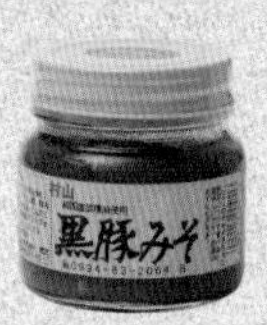

アドバイス

黒豚みそは鹿児島の黒豚と麦みそで作ったみそ加工品。ゆで野菜やキャベツ、きゅうりにつけてお召し上がりください。焼酎とも合います。

全国山めぐりと名物⑥
開聞岳と鶏刺し

鶏の飼育が盛んで「薩摩地鶏」も有名な鹿児島の郷土料理、鶏刺し
okimo ／ PIXTA

山頂から望む山麓の町並み。枕崎市へと続く海岸線も見渡せる

開聞岳 日帰り

かいもん山麓ふれあい公園→開聞岳(924m)往復

「薩摩富士」の呼び名をもつ、みごとな三角形をした九州・薩摩半島南端の山、開聞岳。二座しかない標高1000m以下の日本百名山のうちの一つです。単独で鹿児島へドライブ山旅に出た鮎美は、霧島山（韓国岳）の次に登頂しました（⑰巻182話）。コースは麓の登山口から時計回りにらせん状に登っていく一本道しかなく、山頂からは広く遠く下界が望めます。通年登れる山ですが、下の写真のように山麓が菜の花で彩られる春先がベストシーズンです。

合計歩行時間：4時間30分
グレード：初級
技術度：★★
体力度：★★

四方のどこから見ても均整のとれた円錐形をした開聞岳の山容

写真・情報＝川野秀也　参考文献＝ヤマケイアルペンガイド『九州の山』

ココナッツ赤飯

（レシピはメスティンを使用したものです）

調理時間 50分

難易度 ★★

+ITEM ▼メスティン

アジアの風を感じる餅米料理。塩、砂糖どちらをかけてもイケます
竹筒でお米を炊いちゃう

材料（作りやすい分量）

餅米…1合
ゆであずき（ドライパック）…30〜40g
A｜ココナッツミルク（常温にする）…150mℓ
　｜水…50mℓ
塩・砂糖（好みで）…適宜

作り方

❶ 餅米は洗って15分ほど水に浸し、ざるにあげて水けをきり、メスティンに入れる。
❷ Aをよく混ぜて❶に加え、よく混ぜる。
❸ ❷にあずきを散らす。
❹ ふたをして中火にかけ、沸騰したらごく弱火して15〜16分炊く。火を止めて10分蒸らす。好みで塩や砂糖をふる。

常温のココナッツミルクと水をよく混ぜる

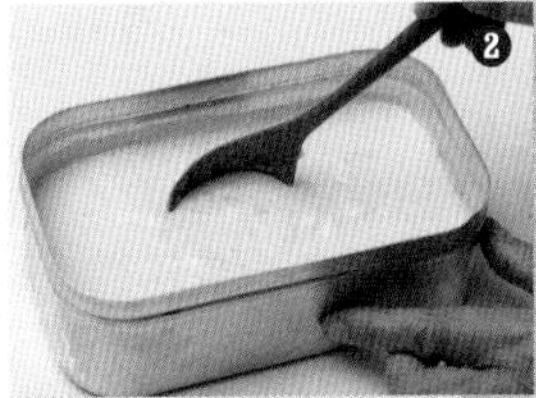

餅米とココナッツミルクをよく混ぜる

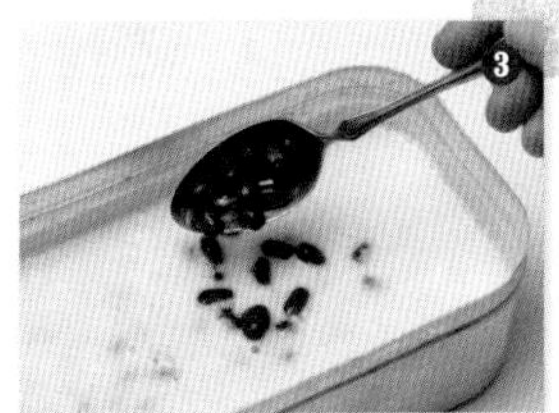

ゆであずきを加える

餅米の水けをしっかりきる

アドバイス

山で再現しやすいメスティンのレシピを紹介しました。最後にメスティンを動かしながら少し火を強めると、いいお焦げができます！

竹筒で炊いたココナッツ赤飯

竹…そして
ココナッツの甘い香り

お焦げが食欲をそそるナチュラルで豪快な一品完成でございます！

17巻

184話／Take a 竹筒, Let's ココナッツ赤飯！ 先輩に山を買わされた鷹桑をウェブニュースが取材に。アウトドアズマンらしいうんちくをドヤ顔で語りながら作り始めた特製料理は…

鶏（けい）ちゃん混ぜご飯

調理時間 15分

難易度 ★☆☆☆☆

岐阜の郷土料理
「鶏ちゃん」を
乾燥野菜、
レトルトごはんと
一緒に

登山レベルが
劣っているから
といって

人として
敬意を欠いた
態度を取られる
筋合いはない

材料（2人分）

岐阜の「鶏ちゃん」…1袋（230g）
乾燥野菜ミックス…適量
レトルトごはん…1パック
サラダ油…大さじ1
水…100㎖

作り方

❶ フライパンにサラダ油を熱し、「鶏ちゃん」を入れて中火で炒め、鶏肉に火を通す。

❷ 水を注いで鶏肉と混ぜてなじませ、乾燥野菜を加えてサッと混ぜてレトルトごはんを加える。

❸ ❷をほぐしながら弱火で煮る。乾燥野菜がやわらかく戻り、全体に味がなじんだらできあがり。

「鶏ちゃん」を炒める

乾燥野菜を加えてなじませる

水を加えて炒め煮にする

ごはんを加えてやわらかく煮る

アドバイス

岐阜の郷土料理「鶏ちゃん」は、鶏肉と野菜に特製だれをからめた炒め物です。保冷剤とともに保冷バッグに入れて山に持参してください。

17巻

188話／飛騨高山～西穂高編④鶏ちゃん混ぜごはんと謎の肉　カジカの知人・蒲谷静と二人で西穂へ。鮎美に対し上から目線の静に、心中で反発しながら調理を始める

西穂山荘の定番人気メニュー、西穂らーめん。生麺を使用した本格派。しょうゆ味と味噌味があり、通販でも購入できる

全国山めぐりと名物⑦

西穂高岳と西穂らーめん

西穂高岳 1泊2日

新穂高温泉→西穂高口駅→西穂山荘→西穂独標→西穂高岳(2909m)往復

飛騨（岐阜県）側から最も手軽に北アルプスの稜線に出られるのが、新穂高ロープウェイを利用してアプローチできる西穂高岳へのルートでしょう。鮎美は初対面ながら山慣れた蒲谷静と登りに行き、途中の西穂独標止まり（⑰巻185～189話）でした。蒲谷のアドバイスのとおり、独標から西穂高岳へは岩稜歩きに不慣れな人には厳しい道なのです。このエリア一帯は事故が多いことから登山届の提出が義務づけられていますし、ヘルメットも必須です。もちろん上高地を見下ろし、焼岳や遠く乗鞍岳を見渡す眺望や、困難なルートを克服した達成感が味わえるのは3000m級の楽しさです。人気の西穂らーめんとともにその魅力を味わってください。

合計歩行時間：8時間20分　技術度：★★★★
グレード：中級　体力度：★★★

西穂登山のベース、西穂山荘。ロープウェイ西穂高口駅からは1時間半ほど

ピラミッドピーク
西穂独標
西穂高岳

森林限界を越えてどーんと広がる西穂山稜の眺め。丸山付近から

鮎美にはおあずけとなった西穂高岳への登山道は、岩稜の険しい道が続く

西穂山荘やテント場周辺は高茎植物のお花畑になっている

写真・情報＝渡辺幸雄　参考文献＝ヤマケイアルペンガイド『北アルプス 槍・穂高連峰』

山ごはんを楽しむ調理用具

山やキャンプで使用する調理用具は
アウトドアメーカー製の
使い勝手のよいものを選びたい。
作るメニューや用途に応じてそろえよう。

プリムス／153ウルトラバーナー（①）

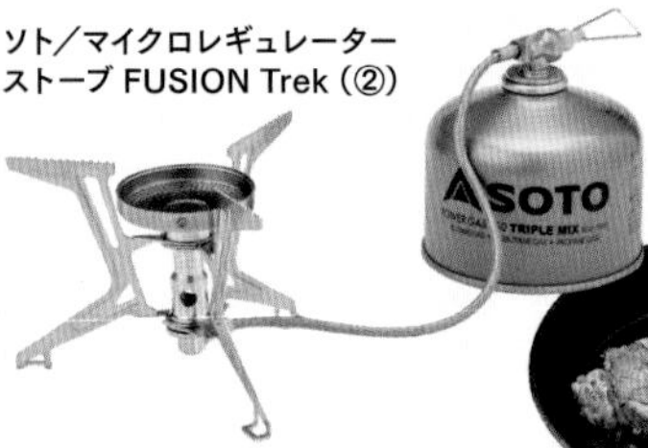

ソト／マイクロレギュレーターストーブ FUSION Trek（②）

ガスストーブ

山での調理には必要不可欠。携行しやすさ優先ならコンパクトな一体型を、調理中の安心・安定を優先なら分離型を。

重いスキレットでも分離型なら安定する

フライパン、クッカー類

基本のクッカー（コッヘル）は最初にそろえたい用具。フライパンは深底タイプだと対応メニューの幅が広がります。作中で登場が多いメスティンもぜひ。

エバニュー／U.L. Alu.Pan 20㎝（③）

エバニュー・アルミフライパン蓋#20（③）
ふたがあると料理の幅が広がる

トランギア／ツンドラ3ブラックバージョン（①）

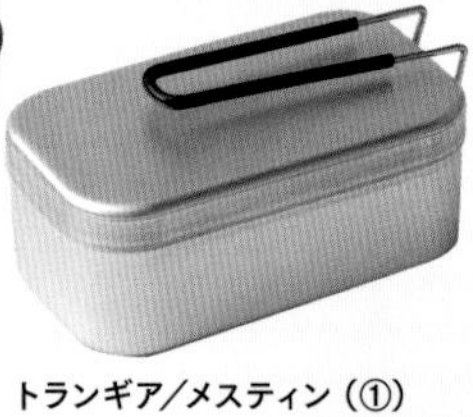

トランギア／メスティン（①）

ソト／アルミクッカーセットM（②）

モンベル／アルパインフライパン18 ディープ（⑤）

保温・保冷ボトル

冬でも夏でも飲み物の温度を保ったまま山へ運べて便利。炭酸飲料の炭酸が抜けずに使える新しいタイプの保冷ボトルに注目。

炭酸でも漏れない構造

モンベル／アルパイン サーモボトル 0.35L（⑤）

サーモス／保冷炭酸飲料ボトル FJK-500（⑥）

サーモス／真空断熱 スープジャーJBR-501（⑥）

そのほかの便利な用具

山ごはんを満喫するには料理に応じた用具を準備しましょう。便利に使えるだけでなく、新しい用具をそろえて持っていけば山ごはん気分がより盛り上がります。

コールマン／オーガニックテーブルウェア（⑦）

ユニフレーム／コーヒーバネットsierra（④）

ユニフレーム／ミニロースター（④）

［メーカーサイト］

①イワタニ・プリムス	https://www.iwatani-primus.co.jp/
②ソト（新富士バーナー）	http://www.shinfuji.co.jp/soto/
③エバニュー	https://www.evernew.co.jp/outdoor_top/
④ユニフレーム（新越ワークス）	https://www.uniflame.co.jp/
⑤モンベル	https://www.montbell.jp/
⑥サーモス	https://www.thermos.jp/
⑦コールマン	https://www.coleman.co.jp/

ファンなら絶対ほしくなる「山食」アイテム。山やアウトドアではもちろん、普段使いでも大活躍間違いなし!

てぬぐい〈温泉〉〈登頂〉

薄くて軽くかさばらないてぬぐいは、工夫次第で使い道いろいろ。山好きに愛好者が多い人気アイテムです。3人が露天風呂でまったりの〈温泉〉(上)と、登頂の記念撮影にぴったりの〈登頂〉(下)の2種類。
サイズ：約35㎝×90㎝　素材：岡生地(綿100%)
価格：1320円(税込み)

森のタンブラー(HINOKI)

国産ヒノキ間伐材が主原料の鮎美ちゃんのイラスト入りタンブラーです。木材の風合いとヒノキの無垢材のような香りが特徴で、軽く、割れにくいため、山にも普段使いにもばっちりです。
容量：475㎖　素材：ヒノキ(55%)、ポリプロピレン(45%)　耐熱温度：120℃　価格：2200円(税込み)

trangia×『山と食欲と私』メスティン

ふたに鮎美ちゃんが入ったスペシャル仕様のメスティンが登場。信濃川先生の描き下ろしイラストをレーザーでしっかりとプリントしました。絶対ほしい注目アイテム!
サイズ：17×9.5×6.2㎝　容量：750㎖
重量：約150g　素材：アルミ(無垢)　価格：3520円(税込み)

雪だるまとっくり

⑭巻150話などの作中に登場する、雪だるまの形をしたかわいいとっくり。赤いおちょこの内底と外底にイラストがあしらわれています。寒い季節に山で熱燗を楽しみましょう。
サイズ・容量：φ約9×12㎝・350㎖(とっくり)／φ約4.7㎝×3.9㎝・40㎖(おちょこ)　素材：磁器　価格：1980円(税込み)

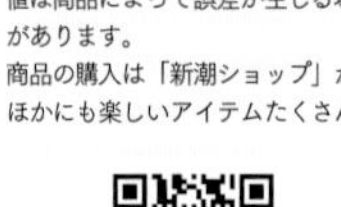

掲載の情報は2023年6月30日時点のものです。サイズや重量などの数値は商品によって誤差が生じる場合があります。
商品の購入は「新潮ショップ」から。ほかにも楽しいアイテムたくさん!

山と食欲と私
⑫～⑰巻・全68話 作中データ一覧

・話数や各話タイトルは、単行本（バンチコミックス）掲載のもので、WEB漫画サイト「くらげバンチ」発表時とは異なります。
・料理名は、作中のセリフで呼ばれているものを基本にしています。
・レシピ掲載欄の2は『日々野鮎美（＋なかまたち）の山ごはんレシピ2』で、＊はコラムで作中に登場する料理を紹介しています。

話	レシピ掲載	各話タイトル	作中登場料理と呼称	
			訪れた山（推定：根拠）	鮎美以外のおもな登場人物
⑫巻				
126	＊ ○	東北ギンギン山巡り編④ 海の恵みと盛岡じゃじゃ麺	アイナメとクロイソを半身ずつお刺身と塩焼きに！「2匹仲良し道連れ魚定食」、じゃじゃ麺	
			—	黒蓮七実
127	○	東北ギンギン山巡り編⑤ 悩ましのせんべい汁	せんべい汁	
			岩手山	黒蓮七実
128	＊ 2	ザ・もちザニア	もちザニア：おもち、硬めでしょっぱいスナック菓子、スライスチーズ、ミートソース、牛乳	
			とある山	
129	○	ふわキラ女子と 薬膳しびれ鍋	山椒たっぷり鱈とキクラゲの薬膳しびれ鍋味噌仕立て！＆おにぎり～！、メガ特盛牛丼	
			（記載なし）	小松原鯉子、浜栗藍、若社長
130	○	野良犬と山女魚の 甘露煮弁当	山女魚の甘露煮弁当	
			北アルプス倉毛平小屋（架空）	薮蚊繁、瀧本サヨリ、羆光治、芋田典史
131		汗だく塩ホルモン	塩ホルモン	
			とあるキャンプ場	鷹桑秀平、マサユキ
132	○	ここ、山ね！	バターコーンカレーめし	
			（キャンプごっこ）	双葉朝里、猪口いるか夫妻、双葉紗子親子
133	○	木曽駒～空木縦走編① 挑戦前夜のツェルト泊ごはん	ぶ厚切りベーコン＆サラダビーンズ炒め～ブラックペッパーを効かせて～、ほっと甘酒ウィスキー	
			中央アルプス・千畳敷カール、木曽駒ヶ岳	小松原鯉子、浜栗藍
134	○	木曽駒～空木縦走編② しょっぺえ牛豆腐めん	牛豆腐めん：ひやむぎ、レトルト牛丼、無菌紙パックのお豆腐	
			宝剣岳、檜尾岳	
135	○	木曽駒～空木縦走編③ 自分のために 一人	高級カニ缶トッピング カニのトマトクリームパスタ インスタントの味噌汁を添えて	
			東川岳、空木岳	山縣福郎、小松原鯉子、浜栗藍
おまけ	＊	木曽駒～空木縦走編 おまけ 駒ヶ根ソースかつ丼	ソースかつ丼、五平餅	
			こまくさの湯	

話	レシピ掲載	各話タイトル	作中登場料理と呼称	訪れた山（推定：根拠）	鮎美以外のおもな登場人物
			⑬巻		
136	○	鮎美のモーニングルーティン	あんこ苺サンド、ナルゲン抹茶	富士山（遠景）	小松原鯉子
137	②	鮎美23歳 山ガール時代編① 信じられないパンパンパン	メスティンパン	里山	海苔野浜絵（のり〜）、 室伏慈也子（むろぷ〜）、 こんぴ〜
138		鮎美23歳 山ガール時代編② 私の明日に小さな灯火を	—	—	日々野いるか、日々野透、 双葉紗子・朝里、柴雄（犬）
139	○	鮎美23歳 山ガール時代編③ ハムとゆでたまごの山ラーメン	ハムとゆでたまごの山ラーメン	高尾山、御岳山	海苔野浜絵
140		鮎美23歳 山ガール時代編④ そして御岳山の別れ	—	御岳山	海苔野浜絵、日々野いるか、 柴雄（犬）
141	*	鮎美23歳 山ガール時代編⑤ 北海道・羊蹄山とあげいも	中山峠名物あげいも	羊蹄山（遠景）	日々野雨子、日々野いるか、 佐藤空美、日々野鶴三
142	○	鮎美23歳 山ガール時代編⑥ 成長の道産子おにぎり	道産子おにぎり：道産じゃがいも、道産アスパラ、道産ゆめぴりか、道産コーン、鮭、バター醤油	羊蹄山	日々野雨子、日々野透、 日々野いるか・紗子、 海苔野浜絵
143	○	うなキャン	セルフうな重	—	鷹桑秀平、長村
144	○	空駆けるハンバーガー	BIG瀧本愛情バーガー：ベーコン、チキン、ハンバーグ、野菜たっぷり、自家製ソース	北アルプス倉毛平小屋（架空）	瀧本サヨリ・健次郎夫妻、 薮蚊繁
145	○	雨の奥多摩縦走（前編） すりおろし梨ソーダ	すりおろし梨ソーダ	奥多摩サス沢山、御前山	
146	○	雨の奥多摩縦走（後編） 野生を覚ますトマ豚汁うどん	トマ豚汁つけうどん	奥多摩鋸山	小松原鯉子
147	○	ご期待通りのどんぐりクッキー	どんぐりクッキー	—	浜栗藍
			⑭巻		
148		キノコ宇宙へようこそ（前編） 食べられるの？食べられないの？	—	信州のとあるペンション	小松原鯉子、鍬形昭昌
149	○	キノコ宇宙へようこそ（後編） 大丈夫なの？大丈夫じゃないの？	キノコパーティー：キノコの鍋・天ぷら・ホイル焼き・バターソテー	信州のとあるペンション	小松原鯉子、鍬形昭昌

話	レシピ掲載	各話タイトル	作中登場料理と呼称	
			訪れた山（推定：根拠）	鮎美以外のおもな登場人物
150	○	ギュッと昆布締め塩麹ステーキ	昆布締め塩麹ステーキ	
			とある山のテント場	日々野雨子
151		隠れ家の赤いボルシチ	牛スネ肉のボルシチ	
			とある山	白鷺拝次
152		四国松山～石鎚山編① ジョッキでみかんジュース	蛇口からみかんジュース！	
			石鎚山（遠景）	ポール・グリーズマン、社長
153	*	四国松山～石鎚山編② 修験の道で甘いタルトを召し上がれ	四国愛媛銘菓タルト	
			石鎚山	ポール・グリーズマン
154	○	四国松山～石鎚山編③ 鯛めし重と鯛塩ラーメン	愛媛の郷土料理 鯛めし、鯛塩ラーメン	
			石鎚山・天狗岳	ポール・グリーズマン
155	○	摘みたて山菜のナンピザ	摘みたて山菜のナンピザ：ふきのとう、たらの芽、スイバ、チーズ、ナン	
			とある山	山下舞弓、小松原鯉子
156	○	東京ダルバート	東京ダルバート：ダルバート（ダル＝豆のスープ、バート＝米）のような山ごはん	
			東京・奥多摩のとある山	
157	○	〝ねば～〟ギブアップ弁当	〝ねば～〟ギブアップ弁当：納豆、オクラ、山芋、モロヘイヤ	
			（記載なし）	鷹桑秀平、鷹桑一家（父・秀夫、母・晶子、兄・秀晴）
158	○	一人相撲のちゃんこ鍋	特大鶏つくねと冷蔵庫の余り野菜のちゃんこ鍋	
			とある山	男女4人組の登山者
159		君の声と夏空のコーヒー	（滅菌ガーゼでこした）コーヒー	
			（記載なし）	小松原鯉子、瀧本サヨリ
		⑮巻		
160	○	フキのカラメル煮弁当	フキのカラメル煮弁当	
			とある山	
161	○	多摩川～笠取山編① 鮎と多摩川と私	天然鮎の塩焼き・フライ	
			多摩川	小松原鯉子、浜栗藍、猪口いるか・雅俊夫妻、香山栄螺、都影ユウジ、八木社長、藻津後灯
162		多摩川～笠取山編② 全部食べ尽くせ	（これまで廃棄されていた野菜や穀物を原料にした）食べられる食器	
			笠取山	香山栄螺、都影ユウジ、八木社長、藻津後灯
163		多摩川～笠取山編③ 最初の一滴を求めて	食べられる食器、多摩川源流の水	
			笠取山、水干	香山栄螺、都影ユウジ、八木社長、藻津後灯
164	○	涙の山賊焼	山賊焼	
			—	

話	レシピ掲載	各話タイトル	作中登場料理と呼称	
			訪れた山（推定：根拠）	鮎美以外のおもな登場人物
165		再会の山小屋編① 大事にされすぎた秘宝たち	20年前のマグロ缶、8年前の粉末味噌汁、2年以上冷蔵庫の底で眠っていた納豆	
			北アルプス倉毛平小屋（架空）	瀧本サヨリ、小松原鯉子、薮蚊繁、芋田典史、茸崎
166	○	再会の山小屋編② 宴会のポテチーグラタン	ポテチーグラタン：白ワイン、マカロニ、サラダビーンズ、シチューのルー、サラミ、厚切りポテトチップス、チーズ	
			北アルプス倉毛平小屋（架空）	瀧本サヨリ、小松原鯉子、薮蚊繁、芋田典史、茸崎
167		再会の山小屋編③ りんごの炊き込みごはんと 事件発生	りんごとベーコンの炊き込みごはん	
			北アルプス倉毛平小屋（架空）	瀧本サヨリ、小松原鯉子、薮蚊繁、芋田典史、茸崎
168		再会の山小屋編④ 会いに来てくれた友のために	寿司	
			北アルプス倉毛平小屋（架空）	瀧本サヨリ、小松原鯉子、薮蚊繁、芋田典史、茸崎
169	* ○	燕岳～あんかけ肉カステラ	あんかけ肉カステラ 鷹桑スペシャル（焼いた牛バラ肉ともち米の押し寿司）、合戦小屋名物のスイカ	
			燕岳、槍ヶ岳（遠景）	鷹桑秀平
おまけ	○	私のランチと QOM“M”Lの相関性	もやしと魚肉ソーセージの炒め物入りおにぎり	
			—	小松原鯉子、浜栗藍
			⑯巻	
170	○	青森・下北半島～恐山編① 大間のマグロと味噌貝焼き	クロマグロのお刺身、青森の郷土料理 味噌貝焼き	
			—	黒蓮七実、まこりん
171		青森・下北半島～恐山編② 恐山冷水と賽の河原にて	恐山冷水	
			恐山	黒蓮七実、まこりん
172		青森・下北半島～恐山編③ 恐山（おやま）さ行ぐ君を送って	下北半島の馬刺し	
			恐山	黒蓮七実、まこりん
173	○	雪中の旨辛おでん	かんずり旨辛おでん	
			とある山	猪口いるか
174	○	電熱ベストで雪山ケーキ	雪山ケーキ：スポンジケーキ、カットフルーツ、クリーム、抹茶パウダー、ココアパウダー	
			とある山	
175	○	スタミナ野沢菜焼きうどんと 瀧本夫婦の雪板遊び	スタミナ野沢菜焼きうどん	
			（長野県北部）	瀧本サヨリ・健次郎夫妻、美斉津テン
176	○	代用のミックナッツコーヒー	ミックスナッツコーヒー（アーモンド、くるみ、カシューナッツを砕いて煎って作った代用コーヒー）	
			とある山	
177		俺たちのシャベル焼肉	シャベル焼肉	
			—	鷹桑秀平、マサユキ
178	○	大根とアンチョビのピリマヨドッグ	大根とアンチョビのピリマヨドッグ	
			奥多摩むかしみち	小松原鯉子

話	レシピ掲載	各話タイトル	作中登場料理と呼称	
			訪れた山（推定：根拠）	鮎美以外のおもな登場人物
179		鹿児島単独ドライブ山旅編① 韓国岳と黒豚角煮まんじゅう	黒豚角煮まんじゅう	
			霧島山韓国岳	伊集院蛍
180	*	鹿児島単独ドライブ山旅編② 甘すぎる酎泉と桜島	豚足の漬け焼き、鹿児島産鶏のごて焼き、鹿児島名物の鶏刺し、黒霧島の酎泉（焼酎の温泉水割り）	
			桜島（遠景）	伊集院鮎美・蛍夫妻
⑰巻				
181		鹿児島単独ドライブ山旅編③ もう一人の鮎美と黒い雨	名物カンパチの漬け丼、桜島大根の千枚漬け	
			桜島（遠景）	伊集院鮎美・蛍夫妻
182	○	鹿児島単独ドライブ山旅編④ 豚味噌おにぎりと そら豆のペペロンチーノ	豚味噌おにぎり、そら豆のペペロンチーノ	
			桜島（遠景）、開聞岳	伊集院鮎美・蛍夫妻
183	○	あみあみの パワフルハンバーグパイ	パワフルハンバーグパイ（焼いたハンバーグと炊いたごはんを詰めたミートパイ）	
			とある山	
184	○	Take a 竹筒, Let's ココナッツ赤飯！	竹筒で炊いたココナッツ赤飯	
			—	鷹桑秀平、都影ユウジ、藻津後灯、長村、小松原鯉子
185		飛騨高山～西穂高編① 理解不能の飛騨牛にぎり寿司	飛騨牛にぎり寿司	
			—	小岩カジカ、蒲谷静
186	*	飛騨高山～西穂高編② 何かが始まる西穂ラーメン	西穂ラーメン（味噌味）	
			西穂高岳	蒲谷静
187		飛騨高山～西穂高編③ げんこつ飴を分け合って	げんこつ飴	
			西穂高岳	蒲谷静
188	○	飛騨高山～西穂高編④ 鶏ちゃん混ぜごはんと謎の肉	鶏ちゃん混ぜごはん	
			西穂高岳	蒲谷静
189		飛騨高山～西穂高編⑤ 培養肉のステーキ	培養肉のステーキ	
			西穂高岳	蒲谷静、小松原鯉子
190		マナする？ ～煤だらけの爺兄～	具なしのインスタントラーメン	
			—	蜂峰丈、小松原鯉子、爺兄（灯油ストーブの妖精）
191		感謝のおつまみ出汁茶漬け	おつまみ出汁茶漬け	
			とある山	過去の登場人物多数

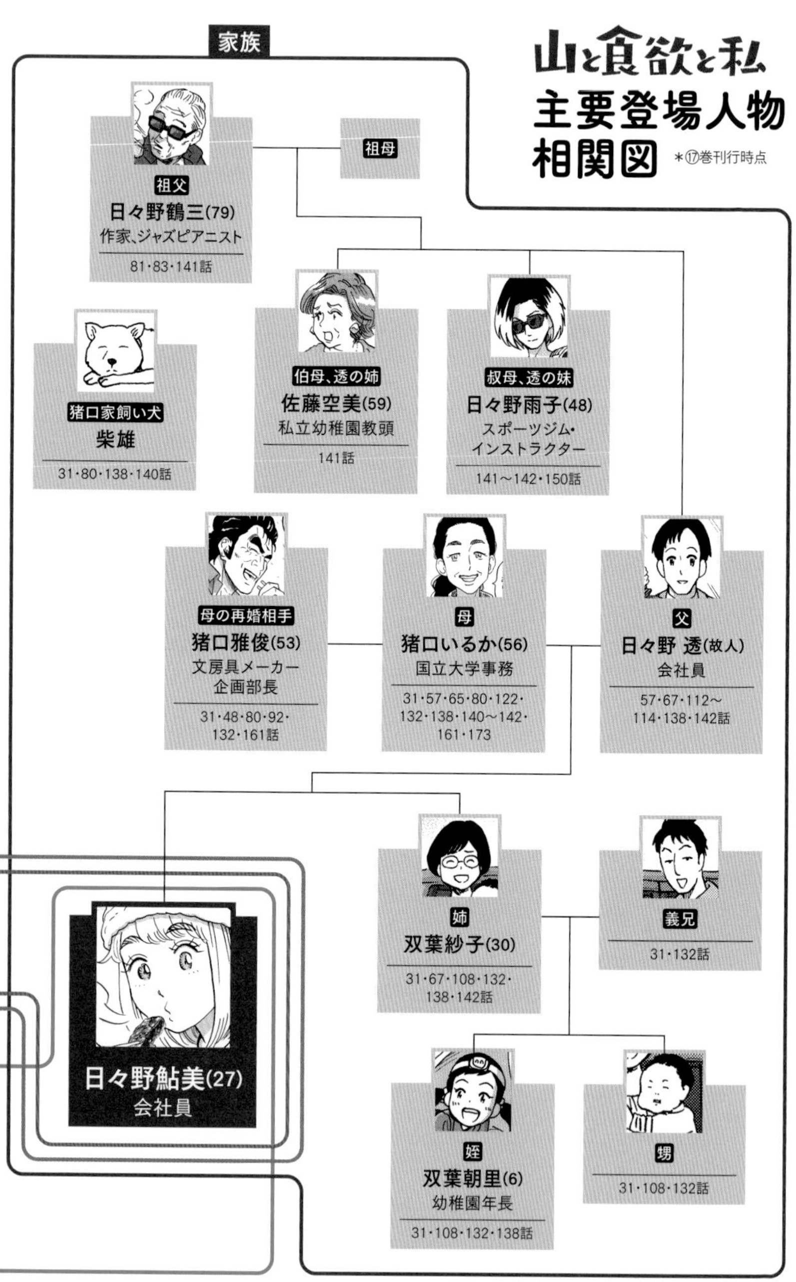
山と食欲と私
主要登場人物
相関図
＊⑰巻刊行時点
家族
祖父
日々野鶴三(79)
作家、ジャズピアニスト
81・83・141話
祖母
猪口家飼い犬
柴雄
31・80・138・140話
伯母、透の姉
佐藤空美(59)
私立幼稚園教頭
141話
叔母、透の妹
日々野雨子(48)
スポーツジム・
インストラクター
141〜142・150話
母の再婚相手
猪口雅俊(53)
文房具メーカー
企画部長
31・48・80・92・
132・161話
母
猪口いるか(56)
国立大学事務
31・57・65・80・122・
132・138・140〜142・
161・173
父
日々野 透(故人)
会社員
57・67・112〜
114・138・142話
姉
双葉紗子(30)
31・67・108・132・
138・142話
義兄
31・132話
日々野鮎美(27)
会社員
姪
双葉朝里(6)
幼稚園年長
31・108・132・138話
甥
31・108・132話

山仲間・山で出会った人々など

榊 恵留(24)
専門学校事務
81～83話

小岩カジカ(31)
学生時代の
バイト仲間
10・185話

都影ユウジ(31)
WEBディレクター
72・161～163・184話

藻津後 灯
カメラマン
161～163・184話

香山栄螺(30)
フリーSE
58・94～97・
161～163話

芋田典史(20)
大学生、
山小屋アルバイト
39・98・110・130・
165～168話

蒲谷 静(30)
ベンチャー企業
研究員
185～189話

薮蚊 繁(57)
山小屋支配人代理
39・98・110・130・
144・165～168話

黒蓮七実(32)
車で放浪中
38・70～71・123～
127・170～172話

鷹桑秀平(35)
家電メーカー営業
41・59・90・109・131・
143・157・169・
177・184話

瀧本健次郎(32)
瀧本サヨリの夫
人力車車夫
49・75～77・79・86～
89・110・144・175話

会社の同僚

蛭村直樹(33)
大阪副支社長
（元経理課）
21・27～30・37・70話

鰐壁大器(42)
2代目若社長
21・27・37・70・
129・152話

浜栗 藍(25)
総務部広報課
129・133・135・
147・161話、15巻おまけ

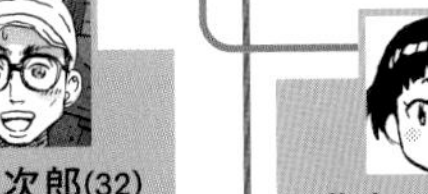

瀧本サヨリ(33)
元派遣社員
現・山小屋アルバイト
27～30・37・42・49・54・
75～77・79・86～89・
110・130・144・
159・165～168・175話

小松原鯉子(29)
経理課主任
登場多数

学生時代の友達

ニックネーム：こんぴ～
101～102・137話

海苔野浜絵(27)
ニックネーム：のり～
行政書士事務所一般事務
101～102・137・139～140・142話

室伏慈也子(27)
ニックネーム：むろぷ～
製紙会社事務・産休中
99・101～102・137話

レシピ提供者紹介

浜栗 藍（はまぐり・あい）

25歳、鮎美の会社に中途入社。見た目は〝ふわキラ〟、仕事は超優秀な広報課の新入社員。前職は出版社勤務。好みのタイプはお金持ち。

瀧本健次郎（たきもと・けんじろう）

32歳、人力車夫、サヨリの夫。登山が生きがいで超人的な体力をもつ。サヨリとは対照的なお調子者で、しゃべりはマシンガン。

小松原鯉子（こまつばら・こいこ）

29歳、経理課主任。鮎美の会社の先輩。結婚願望が人一倍強く、恋人探しに余念がない。喜怒哀楽がはっきりしているが意外に照れ屋。

黒蓮七実（こくれん・ななみ）

32歳、職業不詳。奈良の山中に自作した自宅の小屋を引き払って、ふたたび車一台で各地を放浪中。自由奔放な変態アウトドア女子。

鷹桑秀平（たかくわ・しゅうへい）

35歳、家電メーカー営業。型から入る登山&キャンプ好き。自意識過剰気味のイケメンながら、憎めない愛されキャラ。SNS好き。

瀧本サヨリ（たきもと・さより）

24歳、鮎美の元同僚。旧姓は瀧。瀧本健次郎と結婚後、長野に移住。現在は倉毛平小屋アルバイト。口数少ないが山と友情にアツい。

鍬形昭昌
（くわがた・あきまさ）
61歳、ペンションオーナー。きのこ採りの名人で、所有する山林できのこ採り体験を開催している。

日々野雨子
（ひびの・あまこ）
鮎美の叔母、亡き父・透の妹。スポーツ万能の超人でスポーツジムインストラクター。北海道在住。

羆 光治
（ひぐま・みつはる）
倉毛平小屋支配人。山小屋の仕事から逃げた若いころの薮蚊繁の恩人。今は山を下り家族と暮らす。

鷹桑秀夫
（たかくわ・ひでお）
鷹桑秀平の父。街の電気店「タカクワ電気」経営。少年時代の秀平の遠足にユニークな弁当を作成。

山下舞弓
（やました・まゆみ）
モデル、タレントにして人気の登山系YouTuber。動画撮影中に鮎美に手助けされる。長野県在住。

ポール・グリーズマン
（ぽーる・ぐりーずまん）
愛媛県の松山でゲストハウス管理人を務める国籍不詳、年齢は35歳?の外国人。日本在住歴は10年。

伊集院鮎美／蛍
（いじゅういん・あゆみ／ほたる）
鮎美は41歳、鹿児島の民宿フェニックスの女将。東京出身。夫の蛍は民宿の後継ぎ社長でのんびり屋。

美斉津テン
（みさいづ・てん）
39歳、農家&雑貨店&カフェオーナー。健次郎の友人。長野県北部在住で、冬は〝雪板〟を楽しむ。

猪口雅俊／いるか
（いのぐち・まさとし／いるか）
雅俊は53歳、文具メーカーの企画部長で、鮎美の母いるかの再婚相手。いるかは56歳、国立大学の事務職。

大人気
〝山ごはん〟漫画の
美味すぎメニューの
作り方、
既刊2作も
大好評発売中！

27歳、会社員の日々野鮎美は、
「山ガール」と呼ばれたくない
自称・単独登山女子――。
『山と食欲と私』の主人公と
彼女のなかまたちが作品中で料理する
おいしい山ごはんの作り方を
まとめた公式レシピブックです。

お求めはお近くの書店
またはオンライン書店にて

山と溪谷社

山と食欲と私 公式

日々野鮎美の山ごはんレシピ

信濃川日出雄 監修

定価1009円（本体917円+税10%）
B6判・128ページ

日々野鮎美（＋なかまたち）の山ごはんレシピ2

信濃川日出雄 監修

定価1078円（本体980円+税10%）
B6判・128ページ

＊いずれも電子書籍版あり

山と食欲と私 ①～⑰巻 以下続刊

信濃川日出雄 著／新潮社バンチコミックス
電子書籍版も配信中

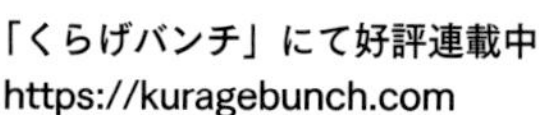

「くらげバンチ」にて好評連載中
https://kuragebunch.com

＊「くらげバンチ」は新潮社が運営するウェブ漫画サイトです。毎週金曜日に更新

漫画とセットで楽しめるプレゼント企画実施!

本書『日々野鮎美の山ごはんレシピ3［全国山めぐり編]』と『山と食欲と私』⑰巻との両方をお買い求めになった方を対象に、抽選で100名様に『山と食欲と私』アイテムを1点プレゼントします。詳細は右記より「くらげバンチ編集部ブログ」をご覧ください。

監修・漫画・イラスト：
信濃川日出雄
（しなのがわ・ひでお）

漫画家。新潟県出身、現在は北海道在住。『山と食欲と私』（新潮社）作者。趣味は登山や外遊び、庭仕事、家庭菜園、サッカー観戦、将棋、音楽とバンド、薪ストーブ生活など。『少年よギターを抱け』（集英社）、『茜色のカイト』（祥伝社）ほか、著作多数。

撮影：小山幸彦（STUH）
取材・レシピ作成・執筆：
　大久保朱夏（食のクリエイター／ライター）
取材・レシピ作成：
　鎌手早苗（フードコーディネーター）
料理アシスタント：
　後藤里帆
作品データ一覧・人物相関図作成：
　GAMO（ヴァーチャル クライマー）
アートディレクション・装丁・本文デザイン：
　朝倉久美子
校正：與那嶺桂子
取材協力：
　イワタニ・プリムス／エバニュー
　コールマン／サーモス
　新越ワークス ユニフレーム事業部
　新富士バーナー／モンベル（50音順）
編集協力：
　遠藤夕馬（新潮社くらげバンチ編集部）
編集：吉野徳生（山と溪谷社）

山と食欲と私 公式

日々野鮎美の山ごはんレシピ 3

全国山めぐり編

2023年8月5日　初版第1刷発行

監修：　信濃川日出雄
発行人：　川崎深雪
発行所：　株式会社山と溪谷社
〒101-0051
東京都千代田区神田神保町1丁目105番地
https://www.yamakei.co.jp/

■乱丁・落丁、及び内容に関するお問合せ先
山と溪谷社自動応答サービス
電話：03-6744-1900
受付時間11時～16時（土日、祝日を除く）
メールもご利用ください。
［乱丁・落丁］service@yamakei.co.jp
［内容］info@yamakei.co.jp
■書店・取次様からのご注文先
山と溪谷社受注センター
電話：048-458-3455／FAX：048-421-0513
■書店・取次様からのご注文以外のお問合せ先
eigyo@yamakei.co.jp

印刷・製本：　株式会社暁印刷

Printed in Japan
ISBN978-4-635-45070-6